John Lee leitet überall in den USA Konferenzen, die sich mit Männer-Themen befassen, sowie Seminare über Co-Abhängigkeit und erwachsene Kinder von Suchtkranken. Er gilt als einer der Führer der amerikanischen Männerbewegung und ist Schüler von C.G. Jung und Robert Bly.

Wir danken dem Verlag Langewiesche-Brandt für die Abdruckgenehmigung des Gedichtes »Bei Wäldern an einem Schneeabend« von Robert Frost in der Übersetzung von Georg von der Vring (S. 101).

Dieses Buch wurde auf chlor- und säurefreiem Papier gedruckt.

Deutsche Erstausgabe Dezember 1993

Titel der Originalausgabe »At My Father's Wedding«

Originalverlag Bantam Books, New York
Umschlaggestaltung: Graupner & Partner, München
Umschlagfoto: The Image Bank / Nancy Brown
Satz: DTP im Verlag
Druck und Bindung: Elsnerdruck, Berlin
Printed in Germany 5 4 3 2 1
ISBN 3-426-84050-2

John Lee

Auf der Suche nach dem Vater

Wie Männer wieder Zugang zu ihren Gefühlen finden

Aus dem Amerikanischen von Hanna van Laak

Knaur

Inhaltsverzeichnis

Gewidmet meinen Partnern – meinen Freunden:
Dan Jones, Bill Stott, Marvin Allen,
Allen Maurer und John Hunger

Außerdem den Männern, die mich so viel gelehrt, so sehr geliebt haben und die so viel zu meiner Heilung beigetragen haben:
Caleb Curren, Deryle Perryman, Roger Fuller, Bob White,
Dane Dixon, Rick Rose, Lyman Grant, Robert Bly,
Wayne Kritsberg und Melvin Kenne.

Zum Titel dieses Buchs (der Titel der amerikanischen Originalausgabe lautet: On My Father's Wedding 1924; Anm. d. Übers.) hat mich das Gedicht »An meines Vaters Hochzeit 1924« von Robert Bly inspiriert. Obwohl dies kein Buch über Robert Bly oder seine Arbeit ist, so wäre es doch ohne viele seiner Erkenntnisse nicht zustande gekommen.

Dank

Dieses Buch wäre ohne die Unterstützung und Hilfe folgender Personen nicht entstanden: meiner Lektorin Linda Loewenthal, die mich zu Bantam (dem amerikanischen Originalverlag; Anm. d. Übers.) brachte und mir half, die Ansätze eines Traums in konkrete Kapitel umzusetzen, und meiner Lektorin Leslie Meredith, durch deren sanfte Anleitung aus diesen Kapiteln schließlich ein fertiges Buch wurde. Ich werde ihnen beiden immer dankbar sein.

Zutiefst dankbar bin ich auch meinem Freund und Partner Bill Stott für seine kontinuierliche Unterstützung meiner Arbeit und meiner Freundin Beverly Barnes, die mir gern zuhörte, mit Liebe zuhörte und mich und meine Arbeit unterstützte.

Mein Dank gilt auch meiner Assistentin Jodi Roberts, die mir das Leben erleichterte und beinahe ebensoviel arbeitete wie ich, damit dieses Buch erscheinen konnte.

Besonders herzlich danken möchte ich den Männern, die mir ihre Geschichten erzählt und ihre Seelen geöffnet haben.

Mein größter Dank gilt Marvin Allen für seine Mitarbeit bei den Treffen des »Wilden Mannes« und Dan Jones, mit dem ich sechs Jahre lang in Männergruppen zusammengearbeitet habe.

Aus tiefstem Herzen möchte ich schließlich meiner höheren Macht – sei sie Gott oder Göttin – dafür danken, daß ich die Gelegenheit hatte, mich mitzuteilen, zu lächeln, zu weinen,

Zorn zu fühlen, zu verzeihen und mit all denen, die dieses Buch lesen, und allen, die es nicht tun, fortschreitender Heilung entgegenzusehen.

Vorwort

Tausende von Männern sind endlich dazu entschlossen, den Schmerz in ihrem Innern nicht länger zu verleugnen. Wir haben begonnen, auf die Verletzungen zu achten, die unseren Körper durchziehen wie das durch unsere Adern fließende Blut. Immer mehr sind bereit, tief in ihre Seelen hineinzuhorchen, um die Wunde im Zusammenhang mit den Vätern freizulegen, von deren Existenz wir zwar immer wußten, die wir jedoch nicht zu fühlen wagten. Wir sind bereit, den fehlenden Vater zu suchen, der tief in uns begraben liegt, den Vater, den wir an die Arbeit, den Alltag, an Drogen, Alkohol, Kriege, das Fernsehen und an die geisttötende Jagd nach Geld und all den Dingen, die man dafür kaufen kann, verloren haben.

Wir sind bereit, die Wahrheit anzuerkennen, daß unsere Väter emotional, physisch oder geistig nicht für uns da waren – oder überhaupt nicht vorhanden waren. Weil sie für uns in unserer Kindheit und Jugend nicht da waren, empfinden wir ihre Abwesenheit stärker als ihre Anwesenheit, und weil wir als Söhne – positiv oder negativ – ihr Spiegelbild sind, läßt ihre Abwesenheit ein Gefühl der Abwesenheit in uns entstehen, ein Gefühl, das wir selbst nicht einordnen oder verstehen können, ein Gefühl, daß etwas in uns verloren ist, verwundet, abgestorben und allein gelassen.

Der Psychoanalytiker Alexander Mitscherlich sagte einmal, da, wo der Vater im Leben eines Sohnes fehle, entstehe ein Loch, und in dieses Loch drängen Dämonen ein, um es zu füllen. Wir Männer sind nun bereit, diesem Loch in unserem Leben ins Auge zu sehen, in diesen dunklen Abgrund hinabzusteigen und den langwierigen Prozeß des Exorzismus in Angriff zu nehmen, um die Dämonen zu vertreiben, die wir einließen, als unsere Väter versagten. Wir haben es satt, diese Leere mit den gleichen Dämonen, Obsessionen oder Abhängigkeiten zuzustopfen, mit denen unsere Väter ihre eigene Leere zugeschüttet haben, um sie nicht spüren zu müssen. Wir sind bereit, unsere eigene Heilung in Angriff zu nehmen und unsere wahre Männlichkeit zurückzuerobern.

Auf der Suche nach dem Vater legt Zeugnis ab von Männern auf ihrer Reise ins Innere bei der Suche nach ihrem wahren Selbst und seiner Heilung. Das Buch zeigt Männer mit unterschiedlichem Hintergrund, unterschiedlicher Vorgeschichte, denen jedoch allen die Entschlossenheit gemeinsam ist, ihr Leben und ihre Beziehungen zu verstehen und zum Besseren zu wenden. Ich hoffe, dieses Buch wird auch denjenigen Männern Erkenntnisse und Orientierungshilfen bieten, die sich auf diese einschneidende Reise begeben wollen, jedoch nicht recht – oder überhaupt nicht – wissen, wie sie es anfangen sollen. Ich möchte die Widerstrebenden, die im Grunde dazu bereit sind, ermutigen und verlocken, tiefer in ihr Inneres vorzudringen und die Wunden bloßzulegen, die sie so lange vor sich selbst verborgen haben, und damit den Frieden, die Freiheit und die Gesundung zu entdecken, die sich einstellen, wenn sie zu ihrer eigenen, individuellen Definition von wahrer Männlichkeit gefunden haben. Dieses Buch handelt von dem wundervollen Gefühl, das damit verbunden ist, daß ein Mann sich wohl fühlt in seiner Haut. Und es handelt von der Freude, die mit der Entdeckung und Annahme der eigenen »tiefen Männlichkeit« wie auch mit der Anerkennung der weiblichen Seite im Mann einhergeht.

Auf der Suche nach dem Vater ist zwar in erster Linie ein Buch für und über Männer, doch es kann auch Frauen helfen, verborgene Teile ihres Selbst zu finden, um wieder »ganz« zu werden. Letztendlich ist von der Männlichkeit *und* der Weiblichkeit die Rede, die bei beiden, Männern wie Frauen, zu finden sind. Da ich jedoch nicht weiß, wie es ist, den Körper und das Bewußtsein einer Frau zu haben, werde ich als Mann sprechen, und ich will mich für die subjektive Verzerrung, die meiner Sichtweise innewohnt, nicht entschuldigen. Und ich werde von meinen persönlichen Erfahrungen ausgehen, das bedeutet in sexueller Hinsicht von meiner heterosexuellen Präferenz. Ich hoffe allerdings, daß auch homosexuelle Männer einen Bezug zu dem herstellen können, was die Heteros zu sagen haben.

Einer meiner Beweggründe für dieses Buch war der Wunsch, all das schriftlich zu formulieren, was ich in vielen hundert Stunden in der Gesellschaft anderer Männer gelernt, gefühlt, gehört, mitgeteilt und bis jetzt im Gedächtnis bewahrt habe: bei Männertreffen und Workshops, in privaten Situationen mit meinen männlichen Freunden und Kollegen, auf meiner strapaziösen und teuer bezahlten Reise ins Innere zu wahrer Männlichkeit, während der Genesung von meiner gestörten Kindheit und bei der Aufarbeitung des Kindheitstraumas, das mir mein abwesender und demütigender Vater zugefügt hatte.

Ein anderer Grund war mein Bedürfnis, mitzuteilen, was in Männer-Workshops vor sich geht, wenn die Männer Frau, Arbeit und Familie für eine Weile hinter sich lassen, um sich einer Gruppe anderer Männer anzuschließen, die versuchen, ihre stereotypen Handlungsmuster zu überwinden, alte Wunden zu heilen, ihre verlorene Seele wiederzugewinnen und ihr Selbstgefühl zu stärken und zu vertiefen. Ich habe das Buch geschrieben, um die erstarkende Männerbewegung zu fördern und Männern zu helfen, einen sicheren Weg durch diese unermeßliche Terra incognita zu finden. Und ich habe es für all die Frauen geschrieben, die mir erzählten, was sie nicht alles dafür geben würden, »Mäuschen zu spielen« bei einem Männertreffen. Wenn für Frauen auch kein Platz in einer Männergruppe ist, sowenig wie für Männer Platz in einer Frauengruppe, so ist es doch von entscheidender Bedeutung, daß Frauen die schwierige Arbeit, die die Männer gerade erst begonnen haben, verstehen, respektieren und unterstützen.

Wenn man die Leiter von Männergruppen, Männertreffen und Kongressen fragt, ob sie zur »Männerbewegung« gehören, antworten manche: »Was für eine Männerbewegung?« oder: »Was ist eine Männerbewegung?« oder sogar schlicht: »Nein.« Und jede Antwort ist zutreffend, denn die »Männerbewegung« ist keine Bewegung, der eine bestimmte sozioökonomische oder politische Ideologie zugrunde liegt. Zwar entstehen viele Männerzentren, überall in den Vereinigten Staaten und in Westeuropa werden Kongresse und Treffen geplant, und jede Woche erscheinen Bücher, Zeitschriften und Zeitungen über Männerthemen, doch in meinen Augen ist die Männerbewegung eher eine philosophische, spirituelle und emotionale Bewegung. Ihre Philosophie steht auf einem so breiten Fundament, daß sie vielen Männern und Frauen mit unterschiedlichem Hintergrund und unterschiedlichen Problemstellungen ermöglicht, ihre krankmachenden Verhaltensweisen und Muster abzulegen. Sie ist eine emotionale Bewegung mit dem Ziel, sich von dem Leid und dem Gift, das die Männer jahrhundertelang kollektiv in sich zurückhielten, zu befreien. Sie ist in keiner Weise machtorientiert, aber machtvoll insofern, als sie die Männer und ihr Bewußtsein von der Tyrannei alter Paradigmen folgender Art befreit: »Fühle nichts. Stirb jünger als die Frauen. Sprich nicht. Trauere nicht. Reg dich nicht auf. Bring das Boot nicht zum Kentern. Trau keinem anderen Mann. Bezahlen kommt vor Leidenschaft. Folge der Masse, nicht deinem Glück.«

Während ich schreibe, erschafft die Bewegung ein neues Paradigma, das den Männern helfen wird, Verantwortung für ihren Schmerz zu übernehmen, anstatt ihn auf andere zu projizieren, und zu lernen, wie sie mit anderen Männern Freundschaft schließen können, wie sie ihre Kinder und Partnerinnen lieben und über den Verlust ihrer Kindheit und ihrer Väter trauern können. Die Männer werden dazu geführt, unseren Planeten zu schützen und die Kraft wiederzugewinnen, die ihnen seelenlose Bürokratien, Fabriken und Technologien jahrzehntelang entzogen haben, weil sie mit Hilfe dieser Energie die Räder der Industrie und der Regierung am Laufen halten.

Ja, es gibt eine Männerbewegung, und Sie sind Teil davon. Sie, ich und viele Männer und Frauen im ganzen Land überwinden die Vorstellung, daß es etwas Schlechtes sei, ein Mann zu sein. Es ist eine überwältigende Erfahrung, wenn die Tränen sich Bahn brechen und die Männer Jahre des Zorns und des Schmerzes von sich werfen. Es ist tief beeindruckend, dabei zuzusehen und Teil davon zu sein.

Auf der Suche nach dem Vater ist ein kleines Buch über eine lebenslange Reise. Es ist eine Sammlung fragmentarischer Gedanken, Gefühle und Erfahrungen, die thematisch miteinander verknüpft sind. Es spiegelt wahrheitsgetreu meine eigenen Erfahrungen wie auch die all der Männer wider, die ich kennengelernt und beraten habe. Es gleicht im besten Fall einem Prosagedicht und im schlechtesten einem zusammenhangslosen Stückwerk, genauso, wie das Leben eines Mannes, wenn es richtig gelebt wird, einem Gedicht voller Klang und Ungestüm gleichen sollte, dessen Bedeutung letztlich über die Frage hinausgeht, wieviel er verdient hat und welche Spielzeuge er sich auf Kosten gemeinsam mit anderen verbrachter Zeit geleistet hat. In den schlimmsten Momenten dieses Selbstfindungs- und Heilungsprozesses wird im Leben eines Mannes manchmal Chaos ausbrechen, aber immerhin wird er sich nicht mehr verrückt, süchtig oder völlig ausgelaugt fühlen. Je mehr seine Identität sich festigt und je besser er Zugang zu seiner tiefen Männlichkeit findet, um so mehr wird sein Leben den Anschein von Schönheit und Geschlossenheit erlangen.

Ich hoffe, daß dieses Buch eine belebende Wirkung auf seine Leser ausübt und daß es für die, die den Weg der Heilung eingeschlagen haben oder kurz davor sind, ein wenig Licht ins Dunkel bringt. Ich danke den Männern, die mein Leben reicher machten, indem sie mir ihre Geschichten, ihr Leid und ihre Leidenschaft anvertrauten, die alle Teil dieses Buches sind. Ich habe mich darum bemüht, ihre Identität nicht zu enthüllen, und habe ihr Vertrauen und ihre Privatsphäre gewahrt, indem ich Namen, Beschreibungen und Orte verändert habe, ohne dadurch den Sinn des Buches zu verzerren. Ich danke allen Lesern und Leserinnen für ihre Entscheidung, sich mir und diesen Männern anzuschließen, die für die nächsten Stunden Ihre Brüder, Geliebten, Ehemänner, Söhne und Freunde sein werden.

Hier eine Kostprobe dessen, was Sie in *Auf der Suche nach dem Vater* finden können: ein tieferes Verständnis dafür, warum Männer sich selbst und ihren Gefühlen, ihren Vätern und anderen Männern und den Frauen, die sie lieben, so fremd sind; warum viele Männer in Männergruppen oder mit anderen Männern in die Wälder gehen müssen, ihren Panzer ablegen und gemeinsam mit anderen Männern den Schmerz und die Traurigkeit freilegen müssen. Ich möchte erklären, warum Männer sich nach gleichberechtigten Beziehungen zu starken Frauen sehnen und gleichzeitig solche Angst davor haben; warum viele Männer, die hinter Frauen her sind, wie Hunde sind, die hinter Autos herlaufen – sie kriegen sie beziehungsweise holen sie ein, und dann wissen sie nicht, was sie damit anstellen sollen; warum Männer wie Frauen während einer Meditation plötzlich weinen oder in stille oder laute Schreie ausbrechen, wenn ich nur die Worte »Vater« oder »Papa« sage. Und ich möchte der Frage nachgehen, warum die Männer in nie dagewesener Anzahl in Männer-Workshops gehen, Männerzentren unterstützen und sich Männergruppen anschließen; warum sie ausgerechnet jetzt dazu bereit sind, an sich selbst zu arbeiten und in gleichem Maße Verantwortung für die Heilung ihrer Wunden und für ihre Beziehung zu übernehmen; und warum Männer mit anderen Männern zusammensein, gesunden und fühlen müssen, warum sie einander die Hände reichen und sich gegenseitig unterstützen müssen. Schließlich werden wir auch zu verstehen versuchen, warum manche Männer noch immer Angst davor haben, die Verleugnung ihres Schmerzes und ihrer Entfremdung aufzugeben und deswegen weiterhin ihre Verletztheit und Gestörtheit auf Frauen, Familie, Gesellschaft und die ganze Welt zurückführen.

Wenn wir uns in unbekanntes Terrain wagen – sei es psychologischer oder physikalischer Art, in den Wald oder in eine Männergruppe –, dann brauchen wir nicht nur Karten, sondern auch Führer. Wir werden in diesem Buch mit einigen Ideen meiner bevorzugten Führer arbeiten, C. G. Jung und Robert Bly, sowie auch mit neuen und traditionellen psychologischen Erkenntnissen unter Einschluß bestimmter Vorstellungen aus der östlichen Philosophie, aus Mythologie, Dichtkunst und der Zwölf-Schritte-Philosophie. All diese Quellen werden uns helfen, mit unserer Wut und unserer Trauer in Berührung zu kommen. Besonders betonen möchte ich dabei die Bedeutung des Körpers und auch der Gefühle, denn meiner Ansicht nach wurde der Körper bei vielen Reisen zur Heilung, die Männer bereits unternommen haben, bisher übersehen und betäubt. Wir müssen erst wieder lernen, unseren Körper zu spüren und uns darin wohl zu fühlen, und die in Fleisch und Blut übergegangene Angewohnheit, körperlichen Schmerz, Erschöpfung oder Ermüdung zu verleugnen, überwinden. Denn unser Körper speichert den verschütteten Teil unserer Vergangenheit, den Teil, den wir uns wieder in Erinnerung rufen müssen, um in der Gegenwart heil zu werden.

Wenn Sie jetzt diese Seiten lesen, dann vergessen Sie das Atmen nicht. Atmen versetzt uns in unseren Körper und lenkt unsere Aufmerksamkeit auf den Augenblick. Atmen Sie tief ein, bevor Sie weiterlesen, damit Sie mit klarem Kopf in Ihr tieferes Wesen eintauchen können. Atmen Sie bei jeder Seite mehrmals tief ein, und ich verspreche Ihnen, die Reise wird sanfter und einfacher.

Steigen Sie nun gemeinsam mit mir auf den Grund des Brunnens unserer Trauer hinab, in das Feuer unserer berechtigten Wut, damit wir danach zu unseren wahren Möglichkeiten und zur Freude aufsteigen können, die wir und andere uns selbst so lange verwehrt haben.

TEIL I

Die Wunde

Der verlorene Vater – Unsere tiefste Wunde

Manchmal wacht ein Mann mitten in der Nacht auf oder er entschwindet emotional mitten im Liebesakt oder hält beim Reparieren eines Motors inne, weil er seinen Vater vermißt. Manchmal ist die Sehnsucht so groß, daß er etwas trinkt, eine Zigarette raucht oder die Traurigkeit durch körperliche Anstrengung betäubt. Er tut alles nur Erdenkliche, um diesem Gefühl der Leere zu entfliehen.

Ein anderes Mal trifft er auf eine Frau, die ihn an seinen Vater erinnert – sie ist unerreichbar, distanziert und kalt. Er liebt sie wie den Vater, bei dem er aufwuchs. Er möchte sie ändern, möchte, daß sie für ihn da ist, er möchte die Distanz überwinden, wünscht sich von ihr die Wärme, die sein Vater ihm zu geben vergaß – oder die zu geben er nicht fähig war. Natürlich kann auch die Frau ihn nicht ändern, und er kann sie sowenig umformen oder beeinflussen wie früher seinen Vater. Aber genau das versucht er.

Wenn er keine Lust mehr hat, die Fremdheit zwischen sich und einer flüchtigen Bettbekanntschaft zu überwinden, sucht er sein Heil vielleicht bei einer Frau, die ihn zum absoluten Mittelpunkt ihres Lebens erhebt. Sie klammert sich an ihn und hängt an seinen Lippen, etwas, das sein Vater niemals tat, das ihm niemals in den Sinn gekommen wäre. Paradoxerweise wird er versuchen, ihr beizubringen, wie sie sich rar machen kann, indem er das Verhalten seines

Vaters nachahmt: Er kommt zu spät zum Abendessen oder zu einer Party, er vergißt besondere Anlässe und ist emotional unzugänglich. Indem er sich wie sein Vater verhält, vermißt er ihn weniger, denn nun *ist* er sein Vater. In seiner Unfähigkeit, die Kluft zu seinem Vater auf andere Art zu überbrücken, verbündet er sich psychisch mit ihm und fühlt sich nun weniger verletzlich, weniger einsam.

Seine Sehnsucht treibt ihn dazu, daß er andere Männer zu seinem Vater macht. Eines Tages sprach mich auf einem meiner Männertreffen ein junger Mann an. »Wir müssen miteinander reden«, sagte er ziemlich unvermittelt. »Jetzt kommt's«, dachte ich mir, denn immer wenn jemand (besonders jemand, den ich nicht kenne) zu mir sagt: »Wir müssen miteinander reden«, dann weiß ich, daß *ich* nicht muß, *er* schon. Und gewöhnlich geht es in diesem Gespräch nicht um *mich,* sondern um *ihn* und seine Geschichte. »Ich bin schon das ganze Wochenende hier und habe versucht, Blickkontakt zu Ihnen aufzunehmen, aber Sie gehen mir aus dem Weg. Warum sehen Sie mich nicht an? Warum gehen Sie mir aus dem Weg?« fragte er, und seine Stimme wurde mit der aufwallenden Angst eine Oktave höher. Ich sah ihm direkt in seine tiefblauen Augen und fragte: »Wären Sie bereit, ein Experiment mit mir durchzuführen?« Er zögerte einen Augenblick und willigte dann ein.

»Gut, dann fangen wir an. Ich werde Ihnen eine Frage stellen, und Sie sagen mir den ersten Gedanken oder das erste Gefühl, das Ihnen dazu einfällt.« Ich atmete tief ein. »Wer sind Sie?«

Augenblicklich füllten sich seine blauen Augen mit Tränen. »Sie kennen mich nicht, oder?« fragte er.

»Nein, ich kenne Sie nicht, und ich sehe Ihnen direkt in die Augen, wenn ich das sage. Ich kenne Sie nicht, und insofern

gehe ich Ihnen auch nicht aus dem Weg. Ich werde Ihnen vielleicht einmal aus dem Weg gehen, wenn ich Sie kennengelernt habe, aber an diesem Wochenende tue ich nichts dergleichen. Verstehen Sie, was hier vor sich geht?«
Eine weitere Träne rann seine Wangen hinab. »Ich vermute, es hat was mit irgendwelchen Vatergeschichten zu tun. Mein Vater hat mich überhaupt nicht beachtet. Er konnte mir nie in die Augen sehen.«
Manchmal sehnen sich auch meine Augen so sehr nach meinem Vater, daß ich Männer, die einfach nach bestem Wissen und Gutdünken ihr Leben leben, zu meinem Vater mache. Hin und wieder rufe ich Robert Bly an und warte wochenlang, bis ich etwas von ihm höre, sofern ich überhaupt von ihm höre. In dieser Zeit denke ich mir: »Er soll zur Hölle fahren. Wenn er nicht einmal Zeit hat, um auf meine Anrufe zu reagieren, dann kann er mir gestohlen bleiben.« In diesem Moment mache ich Robert Bly zu meinem Vater, zu dem Mann, der nie genug Zeit für mich hatte. Und ich bin nicht mehr vierzig Jahre alt, sondern ungefähr dreizehn.
Andere Männer schwören einem Guru, einem Land, einer politischen Partei oder einer Firma die Treue, die sie mit Freuden ihrem Vater geschenkt hätten, wenn er nicht so böse auf sie gewesen wäre. Der Guru, Förderer oder »geistige Lehrer« kann einem Mann vielleicht sagen, wie viele Kinder er haben soll, wo er arbeiten soll, wann er heiraten und wann er sich scheiden lassen soll. Sein Land sagt ihm, wann er in den Krieg ziehen soll, wann er sterben, wann er töten soll und wann er das Töten einstellen soll. Die politische Partei sagt ihm, wann er einen Wahlkampf führen oder auf eine Versammlung gehen soll, wann er mit Ja und wann er mit Nein stimmen soll. Und die Firma sagt ihm, wo er

leben soll, wen er einladen, wann er sich zurückhalten und wann er jemanden einstellen soll. Die Firma sagt dem Mann außerdem, wann er nicht mehr produktiv ist und auf den Müllhaufen gehört. So wird die Firma zu einem negativen Vaterersatz, zu einem Vater, der seine »Söhne« zerstört, anstatt ihnen Kraft zu verleihen, der sie für seine eigenen Zwecke manipuliert. Die Treue zu einer Firma vertieft gewöhnlich die Vaterwunde und das Gefühl des Verlusts.

Auf den Vater warten

Es gibt viele Arten, wie Männer Ersatz für die Lehren, die Ratschläge, die Lebenserfahrungen und die Warnungen finden, die ihnen von ihren Vätern nie zuteil wurden, weil sie nie da waren.
Manchen Männern fehlt der tote Vater so sehr, daß sie ihn in ihrem eigenen Kopf am Leben erhalten, anstatt ihn emotional zu begraben und ein eigenes Leben zu führen. Wo der Sohn sich vernehmbar machen sollte, ertönt die Stimme des Vaters. Der Sohn erkennt die Stimme und erhöht die Lautstärke, besonders in Krisenzeiten und bei Streß oder wenn er etwas vermasselt hat. Die Stimme sagt: »Du arbeitest nicht hart genug«, »Wann wirst du endlich eine ordentliche Stelle haben?« oder: »Als ich so jung war wie du …«
Wir sperren uns selbst vom Leben aus, indem wir unseren Vater über unserer Psyche und unserer Seele thronen lassen. Überall sehen wir ihn und sein Urteil, und deshalb sind wir unfähig, uns oder andere so zu sehen, wie wir oder sie wirklich sind. Wenn unser Vater noch lebt, geben wir ihm immer wieder Gelegenheit, sich endlich als der Vater zu

erweisen, der er mit fünfzig oder sechzig nicht sein konnte und der er mit neunzig ganz gewiß nicht mehr werden kann. So viele Männer wünschen sich, ihr Vater möge für sie dasein, daß sie nie aufhören, sich in Situationen zu manövrieren, in denen der Vater endlich dem Sohn seine Liebe zeigen oder ihn um Rat bitten könnte. Doch nie ernten sie Liebe und ausgestreckte Hände. Das einzige, was sie hören, ist die immer gleiche alte Litanei: »Ich leihe dir dieses Geld, damit du dir ein Haus kaufen kannst, aber ich werde mir selbst die verschiedenen Stadtviertel ansehen, um sicherzugehen, daß du mein Geld auch gut anlegst.« Oder noch grausamer: »Bevor ich mir von Leuten wie dir einen Rat geben lasse, muß es schon sehr kalt in der Hölle werden, junger Mann.«

Manche Männer warten und verdienen absichtlich nicht genug Geld, um ihrem lieben, alten Papi noch einmal eine Chance zu geben, ihnen aus der Patsche zu helfen. Manche Söhne warten, bis es zu spät ist, um vor seinem Tod noch zu ihrem Vater zu gehen und ihm zu sagen: »Papa, ich möchte, daß du mir sagst, daß du mich liebst.« Und wieder andere warten und geben ihrem Vater nie auch nur den geringsten Rat, ob es nun um die beste Pflanzzeit für Gurken oder um die Erstellung einer Gewerbesteuererklärung geht, selbst wenn der Sohn gelernter Gartenbaufachmann ist oder in Harvard Betriebswirtschaft studiert hat. Manche Söhne warten bis in alle Ewigkeit darauf, daß ihr Vater zu dem Vater wird, den sie nie hatten. Sie erstarren in einer Rolle kindlicher Ohnmacht, in der sie sich nie glücklich, zufrieden oder persönlich kompetent fühlen. Sie warten darauf, daß ihr Vater stirbt, und wenn er gestorben ist, dann warten sie so lange wie möglich, bevor sie die Trauer in sich zulassen.

In Ersatzvätern, in unbefriedigenden Beziehungen, in den Stimmen im Kopf, im Warten – in all diesen Erscheinungen manifestiert sich das Fehlen des Vaters. Sie alle stellen einen Versuch dar, Papas kleiner Junge, Papas Sohn zu bleiben. Indem wir uns weigern, über den Verlust des Vaters zu trauern, den wir nie hatten, indem wir uns immer wieder an Frauen und Männer binden, die sich wie unser Vater verhalten, indem wir den Vater in unserem Kopf uneingeschränkt über unseren Körper herrschen lassen, indem wir zulassen, daß er unsere Berufswahl bestimmt, die Art unseres Lebensunterhalts und den Zeitpunkt, zu dem wir in den Krieg ziehen, und indem wir uns weigern, ein für allemal diesen Geistervater zu begraben, der jede Nacht in unseren Träumen, Häusern und an unseren Arbeitsplätzen spukt, versperren wir uns den Zugang zu unserer wahren Männlichkeit, unserer Verwirklichung als Individuum, unserem Erfolg, unserer Identität. Wenn wir dieses ohnmächtige Muster des Wartens und Wünschens durchbrechen wollen, wenn wir von diesem kindlichen, impotenten Zustand zu echter Männlichkeit gelangen wollen, dann müssen wir unsere kindlichen Erwartungen aufgeben. Wir müssen Abschied nehmen von dem Vater, den wir uns immer gewünscht haben und den wir gebraucht hätten. Wir müssen unsere berechtigten Erwartungen fahrenlassen, unser Glück über unser Bedürfnis, recht zu haben, stellen. Wenn wir aufhören, auf den Vater zu warten, den wir niemals haben können, wird unsere tiefste Wunde zu heilen beginnen, und wir werden unser wahres Selbst entdecken.

Auf meines Vaters Hochzeit – Sein Vermächtnis

»… An meines Vaters Hochzeitstag
war niemand da,
ihn zu umfangen. Noble Einsamkeit
nur hielt ihn. Da er nie um Mitleid bat,
glaubten seine Freunde,
er sei heil. Einsam gehend konnte er es ertragen …«

aus: An meines Vaters Hochzeit 1924
Robert Bly

Niemand gab meinem Vater an seinem Hochzeitstag Halt. Vermutlich hatte er Angst an dem Tag, an dem er meine Mutter heiraten sollte, so wie an vielen Tagen zuvor und danach. Ich bin überzeugt, daß mein Vater an diesem besonderen Nachmittag gerne frei mit seinem Vater über seine Ängste gesprochen, gerne mit ihm geweint hätte, ihn gebeten hätte: »Weih mich in die Geheimnisse der Liebe ein. Erkläre mir das Rätsel der Sexualität. Sag mir, wie ich ein Mann werde.« Aber mein Vater war unfähig, seinen eigenen Schmerz zu fühlen, und er hatte längst, wie die meisten Männer seiner Generation und der Generationen vor ihm, gelernt, seine innere Welt auszugrenzen.
Mein Vater war getroffen, weil mein Großvater ihn nicht lehrte, wie man ein Mann wurde, sondern ihm nur beibrach-

te, wie man sich »männlich« benahm, und diese Wunde gab er an mich und meinen Bruder weiter. Niemand war zur Stelle, um meinem Bruder bei seiner Hochzeit Halt zu geben. Und ich mit meinem Mißtrauen und meiner ungeheuren Angst vor dem Heiraten und vor festen Bindungen, mit meiner Unfähigkeit, mich von jemandem auch nur in den Armen halten zu lassen, war erst mit vierzig emotional und geistig zum Heiraten bereit.

Ich erinnere mich genau an das erste Mal, als eine Frau zu mir sagte: »Warum läßt du dich nicht einfach von mir in die Arme nehmen?« Ich sah sie an, als wäre sie verrückt. Es war meine Sache, Frauen in den Armen zu halten; ich hatte es weder erlebt, daß mein Vater mich jemals in den Armen hielt, noch hatte ich je gesehen, daß meine Mutter ihn umarmte. Sie hatte ihn gestützt, wenn er betrunken war, das schon, aber nie sanft und liebevoll in ihren Armen gehalten, so als wäre das etwas ganz Natürliches.

Ich sagte, ich würde es versuchen. Ich versuchte es zehn Minuten lang, drehte und wendete meinen Körper in alle Richtungen, um eine bequeme, wenigstens etwas vertraute Lage zu finden, verrenkte mich und knurrte dabei: »Wohin soll ich jetzt diesen Arm legen?« Schließlich fand ich eine Position neben ihr, sie hielt mich in den Armen, und ich weinte lange Zeit. Es war so schwer, gehalten zu werden, so fremd und so furchteinflößend. Diese Frau erinnerte mich auf vielerlei Weise an die Distanz zwischen meinem Vater und mir.

Ich erinnere mich auch gut an das erste Mal, als ein Mann mich im Arm hielt, während ich weinte. Es war ein merkwürdiges Gefühl, so notwendig, so lange überfällig. Der Schmerz über das Zerbrechen einer Liebe, der meine Tränen ausgelöst hatte, verwandelte sich in tiefe Trauer, weil

mir männliche Unterstützung, Berührung und Zärtlichkeit so lange gefehlt hatten.
Ich wünschte, mein Vater wäre von seinem Vater in den Armen gehalten worden. Es erfüllt mich mit Trauer, daß es bei ihm und deswegen auch bei mir nicht so war. Doch durch dieses Trauern schwindet mein Bedürfnis, dieser sechzig Jahre alte Mann in Tampa möge hier und jetzt kommen und mich in die Arme nehmen, ein anderer werden als der, der er ist, oder sich aus jener Schablone befreien, in die seine Umwelt und sein Alkoholismus ihn gezwängt haben.
Ich frage mich, was für ein Mensch er geworden wäre, wenn sein Vater ihn an seinem Hochzeitstag in den Arm genommen hätte und wenn ein anderer Mann ihm am Todestag seines Vaters Halt gegeben hätte. Vielleicht wäre mein Großvater dann begraben worden, anstatt bis auf den heutigen Tag lebendig und mäkelnd in meines Vaters Träumen und Gedanken umherzugeistern. Und vielleicht wäre unser Vermächtnis dann Ganzheit gewesen und nicht jene »noble Einsamkeit«, die so viele von uns in sich tragen.

Die Großvaterwunde

Mein Großvater: ein Mann, der mit seinem eigenen Sohn jahrelang alles falsch machte und ihn wahrscheinlich ebensosehr körperlich mißhandelte, wie er seine Seele mit Füßen trat. Ich erinnere mich, wie mein Vater zu mir sagte, er hätte mir nichts getan, was nicht zuvor sein Vater schon ihm angetan hätte. Mein Vater sagte das an einem Sonntagnachmittag, ohne dabei auch nur mit der Wimper zu zucken, geschweige denn eine Träne zu vergießen. »Du hast es nicht

einmal annähernd so schlecht gehabt wie ich. Ich habe dich nur mit einem Gürtel geschlagen. Mein Vater griff zu den Pflugleinen, wenn ich etwas falsch gemacht hatte.«
Es war mir nie in den Sinn gekommen, daß der Großvater, den ich all die Jahre hindurch so vergöttert hatte, seinen Sohn auch nur halb so schlecht behandelt haben könnte wie mein Vater mich. Er wirkte immer so sanft, so freundlich, so durchgeistigt. Erst mit neununddreißig erkannte ich endlich, daß die Schläge mit Lederpeitschen und Gerten, die er seinem Sohn verabreicht hatte, sich für mich, seinen Enkel, in Coca-Cola und Limonaden an einem heißen Sommertag in Alabama verwandelt hatten. Er konnte mich zu jenen Spaziergängen und Ausfahrten aufs Land mitnehmen, zu denen er seinen Sohn nicht hatte mitnehmen können. Ich war der Sohn, den er nie gehabt hatte, nicht weil mein Vater das nicht hätte sein können, sondern weil mein Großvater ein junger und unerfahrener Vater war und noch nicht wußte, was ihn die Jahre noch über die Erziehung von Kindern lehren sollten. Die Distanz einer Generation erlaubte es meinem Großvater, sich mir gegenüber auf eine Weise zu verhalten, die einem jungen Mann zu Beginn dieses Jahrhunderts alles andere als männlich erschienen wäre. Die größte Rolle aber spielt meiner Meinung nach die Zeit. Mit sechzig Jahren billigt man sich eher die Zeit zu, um mit den Kindern zu spielen (selbst wenn die eigene Lebenszeit dem Ende zugeht) oder ihnen etwas beizubringen, als mit zwanzig, wenn man sich die Hacken abläuft, um Zeit zu Geld zu machen und jeden Tag das Essen auf den Tisch zu bringen.
Mein Opa war mir ein guter Großvater. Ich habe mehr Zeit an seiner Seite als an der meines Vaters verbracht. Er und ich, wir arbeiteten zusammen auf dem Land, in seinem

Hühnerhaus, und wir führten endlose Gespräche auf den Fahrten mit dem Schulbus, den er Jahre hindurch steuerte. Mein Vater und ich haben uns nie unterhalten, und wenn wir zusammen arbeiteten, war er ein strenger Zuchtmeister. Mit meinem Großvater ging ich am Samstagabend zum Ringkampf, lange bevor die Männer Kriegsbemalung anlegten und mit senkrecht abstehenden Haaren dem Publikum Beleidigungen entgegenschrieen. Mein Vater und ich brachten den größten Teil der Samstagabende damit zu, *uns* anzuschreien und um die Aufmerksamkeit meiner Mutter zu kämpfen. Großvater und ich schossen spätabends Ratten im Hühnerhaus. Manchmal, wenn mein Vater meiner Mutter, meiner Schwester, meinem Bruder und mir weh tat, wünschte ich mir, ich könnte ihn erschießen. Mein Großvater lehrte mich, das Tischgebet zu sprechen und daß wahre Geistigkeit wichtiger ist als Religion. Mein Vater setzte meine Schwester und mich sonntags morgens an der Kirche ab und fuhr nach Hause zurück, um seinen Kater auszukurieren, im Vertrauen auf den Satz: »Einmal gerettet, immer gerettet«, den er als Kind in der Sonntagsschule gelernt hatte.

Und als mein Großvater in meinem dreizehnten Lebensjahr starb, wurde seine Beerdigung, rückblickend gesehen, zum Ritual meines Eintritts ins Mannesalter. Dieses Übergangsritual, das so viele Männer schon durchgemacht haben, vollzog sich nach der Bestattung, als meine Eltern und ich ins Haus meiner Großeltern gingen, um meiner Großmutter einen Besuch abzustatten. Bevor wir dort ankamen, schärfte mir mein Vater ein: »Sei ein Mann, denk an deine Oma, versuche, sie nicht aufzuregen, sei stark ihretwegen!« Doch als ich sie in dem dämmrigen Licht des verdunkelten Schlafzimmers erblickte, wo ich immer auf der ausgeklappten Couch geschlafen hatte, weinte ich und enttäuschte aller Erwartungen. Ich weinte um meine Großmutter, nicht um meinen vergötterten toten Großvater, meine Insel der Vernunft inmitten einer ansonsten chaotischen Kindheit. Ich konnte sehen, wie traurig sie war und wie einsam sie und ich von nun an ohne ihn sein würden.

Meine Mutter und mein Vater ließen sie mich einen Sekundenbruchteil lang umarmen und schickten mich dann aus dem Zimmer. Ich saß mit meinem Cousin im Auto meiner Eltern, und keiner von uns vergoß eine Träne um den Mann, den wir so geliebt hatten. Sechs schweigende Männer hatten ihn auf ihren Schultern zu Grabe getragen, und weder mein Vater noch ich weinten um den Mann, der uns beide geprägt hatte. Wenn mein Vater weinte, so ließ er es mich nicht sehen, und ich verhärtete mich in meinem Stoizismus, entschlossen, meine Mama und meinen Papa nicht noch einmal zu enttäuschen. Ich würde ein »Mann« sein, und wenn es mich umbrächte.

Erst mit dreiunddreißig Jahren, zwanzig Jahre nach seinem Tod, weinte ich um den Verlust, um die gewaltsame Trennung von meinem Großvater. Meine Trauer war das verlorene Ritual, das niemand mit mir vollzogen hatte und das ich auch selbst nicht hatte vollziehen dürfen, als ich dreizehn war. Sie war ein notwendiger Schritt, um durch das vergessene Ritual hindurch ein Vermächtnis aus Schmerz in Ganzheit umzuwandeln.

Das verlorene Ritual, zum Mann zu werden

In primitiven Kulturen wird den Jungen in den Initiationsriten oft eine Verletzung zugefügt: Man schlägt ihnen einen Zahn aus, bringt ihnen einen Schnitt bei, und erst nach Durchlaufen einer schmerzhaften Prozedur wird der Knabe zum Mann. Der Schmerz kann Minuten, Stunden oder auch Tage anhalten, aber danach ist der Junge für alle sichtbar körperlich und symbolisch zum Mann geworden. Die amerikanischen Männer haben keine derartigenR ituale. Sicher gibt es auch in ihrem Alltagsleben Schmerz, aber dieser Schmerz entspringt dem Fehlen von Ritualen und Zeremonien. Ein amerikanischer Junge läuft zwar in einem Männeranzug umher, doch innerlich bleibt er immer ein kleiner Junge, weil er nie mit Sicherheit spürt, daß er das Recht erworben hat, in die Welt der Männer einzutreten.

Ein weiterer Grund dafür, daß ein Mann eigentlich ein kleiner Junge bleibt, liegt darin, daß sein Vater ihn in entscheidenden Momenten seiner Entwicklung nie gewinnen oder recht haben ließ. Robert Bly spricht von dem schalen Sieg des Vaters, der seinen Sohn demütigt, indem er ihn keinen Streit und kein Spiel gewinnen läßt und über das Gefühl des Jungen, betrogen worden zu sein, ohne sagen zu können, inwiefern oder warum, und den die Niederlage verfolgt wie der Dämon, der seinen eigenen Vater verfolgt.

An einem bestimmten Punkt im Leben eines Sohnes sollte sein Vater ihn gewinnen lassen, ihm den Sieg und das Recht überlassen. Unabhängig davon, ob der Kampf nun auf physischer oder intellektueller Ebene ausgetragen wird – er hat Symbolwert für den Jungen, der zum Mann werden will. Vielleicht kann der Vater einfach bei einer Auseinandersetzung seinem Sohn in die Augen blicken und sagen: »Weißt du, du hast recht. Ich habe mich geirrt.« Oder der Vater kann ihn, wenn sie Mann gegen Mann in der Einfahrt

Fußball spielen, gewinnen lassen und ihm sagen, wie gut er gespielt hätte.
Doch die meisten Männer können das nicht. Und deren Väter konnten es ebensowenig. Mein Vater mußte immer recht haben, immer stärker, schlauer und reicher sein. Er mußte als Sieger hervorgehen, weil sein Vater sich nie von ihm schlagen ließ. Er mußte mir gegenüber gewinnen, weil er bei so vielen anderen Menschen so oft schon der Verlierer war. Er konnte nicht auch noch mir gegenüber verlieren, denn er spürte, daß eine einzige weitere Beschneidung seiner Selbstachtung ihn zerstört hätte.
Ein Sohn, der nie gegen seinen Vater gewinnen kann, ist zeit seines Lebens seiner selbst unsicher. Auch wenn er von Groll gegen seinen Vater erfüllt ist, sieht er ihn dennoch als »den, der alles weiß«. Er projiziert auf seinen Vater eine Macht, die er nie für sich selbst in Anspruch nimmt. Sein Vater ist eine gottähnliche Figur, der schweigende Verehrung und widerspruchsloser Gehorsam gebühren. Er sieht seinen Vater immer mit den Augen eines kleinen Jungen; selbst wenn er mit seinen ein Meter achtzig die Einsfünfundsiebzig seines Vaters überragt, nimmt er seinen Vater mit leicht gebeugtem Rücken noch als größer wahr. Und in Gegenwart seines Vaters schrumpft er so zusammen, daß er zwar das Haus seines Vaters noch mit seiner vollen Größe betritt, wenn er es aber wieder verläßt, kann er nur mit Mühe noch über das Lenkrad seines Autos hinaussehen.
Weil der Sohn in den Augen des Vaters wie auch in seinen eigenen ein kleiner Junge bleibt, fühlt er sich dem Vater gegenüber nie gleichwertig oder erwachsen. Gewöhnlich wird er zum Ausgleich für seine entgangene Mannwerdung arrogant und großspurig und ist immer in Verteidigungsstellung, oder er wird zornig, vielleicht wird er aber auch

passiv, weich, albern und ein Muttersöhnchen. Der Sohn hat ein so geringes Selbstvertrauen, daß er später seinen Sohn schlagen muß, um sich als richtiger Mann zu fühlen. Gleichzeitig wird er vielleicht versuchen, auch alle Frauen, denen er begegnet, zu beherrschen.

Weil die Gesellschaft uns keine Rituale anbietet, die wir befolgen könnten, müssen wir uns selbst dessen bewußt werden, was wir und unsere Söhne brauchen, müssen wir selbst in unserem alltäglichen Zusammenleben Sinn stiften.

Wenn ein Vater stark genug ist und seinen Sohn nur einmal im entscheidenden Augenblick gewinnen läßt, dann wird dieser sich frei und ganz fühlen. Ein Hauch von Traurigkeit wird seinen Sieg überschatten, das Gefühl, die Kindheit und bis zu einem gewissen Grad auch seinen Vater zu verlassen. Auch sein Vater wird ein wenig traurig sein, weil er weiß, daß sein Junge erwachsener wird, je älter er wird. Aber beide werden an einem Augenblick wahrhaftiger Mannwerdung teilgenommen haben, an einem richtigen und glücklichen Eintritt ins Mannesalter.

Den Vater töten

Ein Mann wird mit einem Schlag zum Vater – ohne Vorwarnung, ohne Vorbereitung, ohne Lehrzeit. Bei einer Frau beginnt die Verwandlung zur Mutter schon in der frühen Kindheit. Schließlich verbringt sie viele Stunden damit, im Spiel ein Baby im Arm zu halten, es zu füttern, zu wickeln und zu pflegen. Ihre Puppe ist ihr zukünftiges Kind.

Beim Abendessen sitzen später ein junger Vater, der selbst ißt, und eine junge Mutter, die ihre lebende Puppe füttert am selben Tisch; ein Kind saugt von Natur aus alle Nahrung und alle Energie, die die Eltern erübrigen können, in sich auf. Der Vater glaubt, es gäbe genug Nahrung für alle, aber ein Teil in ihm, den er nicht genau bestimmen kann, hat das Gefühl, daß ihm die Frau nicht genügend Energie, Zeit oder Aufmerksamkeit entgegenbringt, nicht mehr soviel jedenfalls wie vor der Ankunft des »Dauergastes«.

Er sieht das Baby an und dann die Mutter, blickt dann auf seinen vollen Teller, und im selben Augenblick fühlt er sich leer und beschämt. Beschämt über den Groll gegen den Sohn, den er sich so sehnlich gewünscht hatte, steht er auf und geht weg, und manchmal kommt er nicht mehr zurück. Manchmal geht er nur zu seinem Ruhesessel, läßt sich darin nieder und schaltet den Fernseher ein, nimmt die Zeitung und leistet mürrisch seinen Beitrag zur Erziehung eines Jungen, der sich fragt, warum sein Vater ihn überhaupt einmal gewollt hatte. Der Sohn fragt sich später, warum sein Vater sich immer so aufregt, wenn er zu Besuch kommt. Er fragt sich eines Tages während der Arbeit, woher dieses bohrende Konkurrenzgefühl rührt, das er und andere Männer ständig mit sich herumschleppen. Er fragt sich, wann sein Vater ihn endlich in der Welt der Männer willkommen heißen und ihm für sein Erscheinen auf dem Planeten danken wird. Beide Männer fragen sich, ob Männer zu nichts anderem taugen, als mit Blicken, Beleidigungen und Streitereien die Energie der Mutter aufzuspalten, als wäre sie eine Art atomare Tankstelle, an der sie sich besser wieder aufladen könnten, wenn sie sie nur ganz für sich allein hätten.

Wenn Sie die Antwort darauf wissen wollen, sollten Sie einmal den *Ödipus* von Sophokles lesen. Dieser antike Schriftsteller wußte bereits eine Menge über die Vater-Sohn-Wunde. Er wußte, daß jeder Sohn eines Tages »den Vater töten« muß, was jeder Sohn und jeder Vater ebenfalls weiß, und das ist der Grund dafür, warum es Papa so schwerfällt, sich mit dem Wissen abzufinden, daß aus seinem Sohn ein Mann wird. Wo zwei Männer und eine Frau sind, muß die Energie geteilt werden. Wenn der Mann weiß, daß genügend Energie zirkuliert, wird diese Spaltung selten sichtbar. Wenn die Frau an ihrer eigenen Energie festhält und sich nicht verantwortlich für die des Mannes fühlt, kann ein Mann kommen und gehen und sie wieder verlassen, und dennoch fühlt sie sich ganz und unversehrt. In guten Zeiten zirkuliert dabei eine Fülle von Energie.

Wenn ein Sohn sich über die Ängste seines Vaters, es könnte zuwenig Energie zirkulieren, hinwegsetzt und sich selbst behauptet, dann beginnt er in einem unumgänglichen Übergangsritual, »den Vater zu töten«. Wenn ein Sohn genug Mut aufbringt und sein Bedürfnis, dem Vater so lange direkt in die Augen zu sehen, bis dieser den Blick senkt, befriedigt, dann hat er es geschafft. Ebenso wenn der Sohn schließlich sich selbst Erfolge auf den Gebieten zugesteht, auf denen der Vater versagt hat. Und an dem Tag, an dem der Sohn das Muster durchbricht, das ihn an seines Vaters Psyche und Seele gefesselt hat, hat er das Werk vollendet. Das sind nur einige Möglichkeiten für die unumgängliche symbolische »Tötung des Vaters« durch den Sohn.

Jeder Mann muß seinen eigenen Weg finden, wie er den Vater »tötet«, der in seinen Muskeln, in seinem Gehirn, seiner Seele und in seinen Träumen lebt. Jeder Mann muß gegen die Angst kämpfen, die im Verlauf dieses Prozesses in ihm aufsteigt. Wenn ein Mann seinen Vater nicht »tötet«, dann wird der Vater das wissen, und einerseits wird er froh sein, daß er weiter »Papi« sein darf. Andererseits aber wird er seinen Sohn nie respektieren, weil dieser nie ein richtiger

Mann wurde, ein gleichwertiger Partner oder der Freund, den er in seinen Wünschen immer in ihm sah.

»Wenn ich nach Hause komme«, sagte Jakob, »ist mein Vater mein Vater, und ich bin zwölf oder dreizehn. Nichts hat sich geändert. Wenn wir abends beisammensitzen und uns unterhalten, dann steht er irgendwann auf und sagt: ›Es ist Zeit für uns, ins Bett zu gehen. Wir brauchen alle unseren Schlaf.‹ Und wir gehen alle schlafen, auch ich.« Der 42 Jahre alte Anwalt sah kaum älter als dreißig aus, auch wenn sich seine Schultern senkten, als er in der Männergruppe sprach. Viele Männer glauben, daß sie nur Kinder zu haben und selbst Vater zu werden brauchen, um »den Vater zu töten«, aber das allein genügt nicht. »Jedesmal, wenn ich zu Besuch nach Hause komme, macht mir mein Vater Vorschriften, wie ich meinen eigenen Sohn erziehen soll, und hält mir Vorträge, daß ich meinen Jungen verkorkse«, sagt der 37 Jahre alte Diplom-Kinderpsychologe Roger. Roger erkennt nicht, daß sein Vater das nur tut, weil Roger ihn gewähren läßt, ihm nicht Einhalt gebietet, sondern sich nur über ihn aufregt, alles schluckt und sich schwört, nie wieder zu Besuch zu kommen, beim nächsten Mal aber das gleiche Spiel wieder mitmacht.

Was passiert mit dem Sohn, der den Vater »tötet«? Er sieht sich mit seiner schlimmsten Angst konfrontiert, die so tief in ihm begraben liegt, daß die meisten Männer sie sich nie eingestehen: die Angst, daß der Vater verschwinden, ihn zurückweisen könnte und der Sohn »sterben« wird. Die meisten Männer haben dabei vergessen, daß ihr Vater früher viele Male verschwunden ist und sie zurückgewiesen hat, ohne daß sie daran »gestorben« wären. Und der Sohn sieht noch einer anderen Angst ins Auge, der Angst vor seiner eigenen Sterblichkeit. Denn solange Papa noch Papa und er sein Sohn ist, sein Junge, so lange muß er nicht wirklich erwachsen werden, selbst die Verantwortung für sich übernehmen (schließlich ist Papa noch immer für ihn und sein Leben verantwortlich) und letztendlich alt werden und sterben. Wenn ein Sohn seinen Vater »tötet«, dann wird er zu einem Mann, der eines Tages von seinem eigenen Sohn »getötet« werden wird. Der Augenblick, in dem ein Mann seinen Vater »tötet«, ist ein Vorgeschmack auf den eigenen Tod.

In dem Gedicht »Do Not Go Gentle Into That Good Night« (»Geh nicht so sanft in diese gute Nacht«) von Dylan Thomas sitzt der Erzähler bei seinem sterbenden Vater und fordert ihn auf: »Rage, rage against the dying of the light ... Do not go gentle into that good night.« (»Tobe, tobe gegen das Ersterben des Lichts ... Geh nicht so sanft in diese gute Nacht.«) Mit anderen Worten, wenn der Vater real oder in der Psyche des Sohnes stirbt, dann sieht sich der Sohn in diesem Augenblick mit seinem eigenen Tod konfrontiert.

Wenn ein Sohn seinen Vater symbolisch »tötet«, wird er danach mehr Kraft haben. Er bringt mehr zustande, als wenn die Stimme seines Vaters ihn in eine andere Richtung gezwungen hätte. Er wird mehr nach dem Motto Joseph Campbells, »Folge Deinem Glück«, handeln. Er wird den Vater nicht länger in einer Gottähnlichkeit, die er auf ihn projiziert hatte, sehen und ihn »einfach« als Menschen wahrnehmen, und er wird dadurch selbst menschlicher werden. Er wird aufhören, andere Männer und Frauen zu den Eltern zu machen, die er selbst nicht hatte. Er wird seinen Kindern Halt geben und ein Vorbild der Männlichkeit für sie sein und sich seiner Frau oder Geliebten gegenüber wie ein erwachsener Mensch verhalten. Wenn der Sohn den Vater »tötet«, wird er zum Mann und ist kein kleiner Junge mehr.

Unsere Väter lehrten uns, nicht zu trauern, zu geben oder zu nehmen

Wissen Sie noch, wie Sie Ihrem Vater beim Rasieren zuschauten? Vielleicht haben Sie ein wenig von dem dicken, weißen Schaum über das ganze Gesicht verteilt und dann mit der glatten Seite eines Kamms weggeschabt, während er mit seinen Barthaaren auch Ihre Zweifel beseitigte, wessen Sohn Sie wirklich waren. Heute blicken Sie in den Spiegel oder beobachten, wie Sie mit Ihren Kindern reden, mit Ihrem Hund, Ihrer Frau oder Geliebten, und noch immer sehen Sie, wessen Sohn Sie sind.

Oft sind die Verhaltensmuster, die wir mit unserem Vater gemeinsam haben, und diejenigen, die wir als Reaktion auf seine Gewohnheit und seine Einstellung zum Leben entwickelt haben, unsere einzige Verbindung zu ihm. Wenn unser Vater zweimal täglich Jack Daniels trank, dann genehmigen wir uns einige Schlucke Jim Beam (wir würden nie dieselbe Marke trinken, denn das käme dem Eingeständnis gleich, daß er wußte, was besser ist). Wenn unser Vater tobte, dann toben wir auch, denn so fühlen wir uns ihm ein wenig näher, als wenn wir uns in Gleichmut und Schweigsamkeit üben müßten. Wenn Vater seine Arbeit mehr als alles andere liebte, dann geben auch wir uns ihr völlig hin und fragen uns, ob Papi uns wohl vom Sarg aus zusieht, wie wir uns selbst ein frühes Grab schaufeln.

Viele Söhne haben eine Menge Verhaltensmuster mit ihren Vätern gemeinsam, andere entwickeln bewußt konträre Meinungen und Verhaltensweisen, durch die sie ihrem Vater unter die Nase reiben, er habe seine Rolle nicht so gut gespielt, daß sie auch für den Sohn taugen würde. In kleinen Gesten der Rebellion kommt unsere Wut zum Ausdruck – wenn der Vater kurze Haare und keinen Bart hatte, dann trägt sein Sohn die Haare lang und einen Vollbart. Die Rebellion kann auch weiter reichende Folgen haben: Wenn der Vater von Geld besessen war, macht der Sohn sich ein sorgloses Leben, wirft das Geld in hohem Bogen zum Fenster hinaus und macht die schlimmste Angst seines Vaters wahr – daß er ohne Geld dasitzen könnte.
Die Väter mancher Männer waren so erfolgreich, daß ihre Söhne es – bewußt oder unbewußt – nie so recht zu etwas bringen. Andere, deren Väter Versager waren, bringen sich selbst mit allen Mitteln um den Erfolg, damit der Vater sich nicht durch den Erfolg seines Sohnes unterlegen und beschämt fühlt. Dahinter steckt die Angst, der Vater könnte den Sohn noch weniger mögen, wenn er sich als Mann minderwertiger fühlen muß als der Sohn. Wahrscheinlicher allerdings ist, daß der Sohn derart genug von seinem Vater hat, daß er ihm nicht den Triumph gönnen will, Zeuge seines Erfolgs zu werden – weil der Vater sich dann eines Tages in der Mittagspause mit den Arbeitskollegen zurücklehnen und die Leistungen seines Sohnes als sein eigenes Verdienst ausgeben könnte.
Wenn der Vater nie mit Geld umgehen konnte, kann der Sohn es auch nicht. Wenn Papa zu keiner Beziehung fähig war, kann der Sohn auch keine führen. Sie gleichen sich oft wie ein Ei dem anderen. Oder einer macht genau das Gegenteil des anderen: Der Vater war Bauarbeiter, der Sohn

wird Rechtsanwalt. Papa war Alkoholiker, der Sohn nimmt Drogen oder wird Prediger. Der Vater schrie und tobte, wenn er in Wut geriet; der Sohn beherrscht seine Wut und läßt sie auf passiv-aggressive Weise aus sich heraussickern. Die Sehnsucht nach einer Vaterbindung zeigt sich auch an dem Erziehungsstil, den wir unseren eigenen Kindern angedeihen lassen und der auf einer unbewußten Auswahl der gestörten Vaterrollen beruht, die wir am eigenen Leib erlebten, die wir imitieren oder zu denen wir uns in Gegensatz setzen.

Im folgenden möchte ich eine Reihe verschiedener Vätertypen vorstellen, die die meisten Männer wiedererkennen werden. Sie haben vielleicht nur einen einzigen Typus davon übernommen, weil dieser die vorherrschende Rollenvariante Ihres Vaters war. Wahrscheinlich aber werden Sie mehrere davon kennen, denn die meisten Väter sind eine komplexe Komposition aus ihren eigenen Vätern, Onkeln, Großvätern und anderen wichtigen Männern aus ihrer Vergangenheit.

Der erste Vatertyp ist der *Mann, der König sein wollte.* Er meinte, daß seine Kinder und seine Frau, wenn er nach einem Tag harter Arbeit (für den wahren König – das Geld nämlich) nach Hause kommt, sich ihm gegenüber wie treue Untertanen zu verhalten hätten. »Stör Papa nicht! Er arbeitet hart genug für uns«, sagte nicht etwa die Königin, sondern die Oberdienerin. Dieser Vater regierte sein Reich von einem Ruhesessel aus, wobei er manchmal huldvoll Vergebung gewährte, häufiger jedoch die Rolle des Hauptstrafvollziehers und Züchtigers erfüllte. Er gehörte zum alten Schlag des Vaters, von dem es heißt: »Warte nur, bis dein Papa heimkommt!« Was er sagte, war Gesetz, denn das Dach über Ihrem Kopf zählte zu seinem Eigentum.

Mein Vater hing mit anormaler Leidenschaft an seinem Dach. Er sprach viel über sein Dach, vor allem immer dann, wenn ich es wagte, einen königlichen Erlaß in Frage zu stellen. »Das ist mein Haus. Du lebst unter meinem Dach. Solange du unter meinem Dach lebst, wirst du tun, was ich dir sage. Wenn du dein eigenes Dach über dem Kopf hast, kannst du tun und lassen, was dir beliebt, aber solange du noch unter meinem Dach lebst, tust du, was ich dir sage und wann ich es dir sage.« »Verdammt«, dachte ich immer bei mir selbst, »ich kann es nicht erwarten, mein eigenes Dach zu haben.«

Der zweite Vatertyp ist der *kritische Vater*. Dieser Vater war voller negativer Kritik, Frustration und Ärger. Niemand konnte ihm je etwas gut genug oder zur rechten Zeit machen. Er fand an jedem Gedanken, Wort und an jeder Tat etwas auszusetzen. »Das kannst du doch besser, nicht wahr?« »Was ist mit dir los? Bist du tatsächlich so dumm?« »Du wirst es nie zu etwas bringen.« »Ich hab es dir ein für allemal gezeigt. Geh mir aus dem Weg. Dann kann ich es gleich selbst machen.« »Kannst du denn gar nichts richtig machen?« Kein Tag verging, an dem er uns und sich nicht mit seinem Perfektionismus und seiner Kritiksucht gepiesackt hätte.

Der *passive Vater* hat sämtliche Pflichten, alle Macht und Verantwortung der Mutter, dem Chef, der Gesellschaft, der Regierung oder einer Kombination daraus übertragen. Als echter Bauer auf dem Schachbrett wurde er von einem höheren Willen als seinem eigenen bewegt. Er ging keine Beziehungen ein, stellte sich nicht quer, setzte sich für nichts ein und zeigte für nichts Interesse. Er war zwar da, aber nicht wirklich. Sporadisch ließ er sich auf ein Risiko ein, machte einen Vorschlag oder gab einen Kommentar ab

oder verteidigte sich oder uns, doch alles, was er erntete, waren Schmähreden und Mißachtung. Schweigend verkroch er sich in Bücher, Schnaps oder Fernsehen oder liebte nur noch seinen Garten oder sein Arbeitszimmer, während sein Sohn aufwuchs und zukünftig jede Art von Passivität an Männern, Frauen oder seinen eigenen Kindern haßte.
Ganz ähnlich dem passiven Vater war auch der *abwesende Vater* nicht für seinen Sohn da. Er entschwand am frühen Morgen und ward bis spät in die Nacht hinein nicht mehr gesehen. Manchmal traf man ihn nachts vor dem Kühlschrank, wenn man zur selben Zeit wie er vom Hunger überfallen wurde. Vielleicht sind Sie im Dunkeln mit ihm zusammengestoßen. Das Treffen ließ herzliche Gefühle vermuten, wenn es auch leicht unterkühlt ausfiel. Und am nächsten Morgen waren Sie sich schon nicht mehr sicher, ob Sie wirklich mit ihm zusammengestoßen waren oder ob es nur ein Traum gewesen war. Dieser Vater war nie da, wenn Sie ein Spiel hatten oder bei einem Konzert mitwirkten. Er war nicht bei Ihrer Abschlußfeier: Er war zu beschäftigt. Er war nicht da, um Ihnen etwas über Ihren Penis zu erzählen; das mußte Mama übernehmen. Er war nicht da, um mit Ihnen über Sex zu sprechen; das konnte Mama nicht übernehmen. Er war nicht einmal bei Ihrer Zeugung gefühlsmäßig anwesend, und er war bei Ihrer Geburt nicht dabei.
Diese Vatertypen verletzen den Sohn. Der Sohn nimmt diese Rollentypen in sich auf und reproduziert sie, oder er rebelliert dagegen. Der Sohn des *abwesenden Vaters* erdrückt seinen Sohn oder seine Tochter vielleicht und ist unfähig, sein Kind wachsen zu lassen. Der *passive Vater* zieht einen Sohn groß, der in der Politik, im Büro, bei der Arbeit und in seinen Beziehungen so aktiv ist, daß er sich keine Zurück-

haltung auferlegen und auch seine Frau oder seine Mitarbeiter ihren Teil an der Verantwortung tragen lassen kann. Der von einem passiven Vater erzogene Sohn entwickelt sich womöglich auch zum Vatertyp des *Mannes, der König sein wollte,* fast als ob er seinem Vater zeigen wollte, wie ein echter Tyrann die Dinge managen würde. Wahrscheinlicher jedoch ist, daß er in vielem so agieren wird wie sein Vater, wie er es als Kind immer gehaßt hat und nun an sich selbst haßt, und sich dennoch machtlos fühlt, etwas daran zu ändern.

Der *kritische Vater* schenkt einem Sohn das Leben, der in seinen eigenen Augen nie gut genug ist und nie ein Recht auf Liebe, Erfolg, Zeit, Aufmerksamkeit, Lob und Zärtlichkeit haben wird. Immerzu arbeitet und wartet der Sohn auf jemanden, der ihm sagt, daß er endlich gut genug ist, daß er das Leben nicht so schwernehmen und sich nicht so abmühen soll. Sein Haupttalent besteht darin zu beobachten, was seine Frau, seine Kinder, seine Angestellten, Freunde und Verwandten alles falsch machen. Er wartet auf jemanden, der ihm sagt, daß er stolz auf ihn ist, aber wenn einer das sagt, kann er es nicht annehmen, oder es zählt einfach nicht soviel, wie wenn sein Vater es gesagt hätte, als er sieben, zehn oder vierzehn Jahre alt war. Er setzt sich der Kritik seines Chefs, seiner Frau und seiner Freunde aus. Er läßt sich sogar von Fremden zerpflücken und glaubt, sie täten es »zu seinem Besten« oder weil sie ihn »liebten«.

Der *Vater, der König sein wollte,* zieht gewöhnlich einen Sohn auf, der das gleiche wie sein Vater über »Dächer« und »Gehorsam« erzählt. Sein Wort ist Gesetz, und er hält sich für allwissend.

Vor dem Spiegel steht heute ein Mann, der seines Vaters Gesicht rasiert, ein Mann, dem Rechthaben mehr bedeutet als Glücklichsein. Ein Mann steht da, der seine Kinder auf eine Weise, die ihn überrascht und verwirrt, anschreit, denn als kleiner Junge sagte er, er würde das nie tun, wenn er selbst Kinder hätte. Vielleicht sitzen Sie auch in einem Fernsehsessel und überlassen die Familie sich selbst. Oder Sie haben mehr Ähnlichkeit mit mir und haben alles getan, um in allen äußerlichen Dingen das Gegenteil von Papa zu werden, um aber in den tieferen Schichten immer wieder auf ihn zu prallen.

Mein eigener Heilungsprozeß hat viel Zeit erfordert, viel Arbeit, viel Akzeptieren all der Seiten an mir und meinem Vater, die ich verleugnen wollte. Es hat ebenfalls eine Weile gedauert, bis einige der Wunden, die mir zugefügt wurden, verheilt sind und bis ich mir selbst verzeihen konnte, die gleichen Wunden anderen geschlagen zu haben. Doch wenn Sie erkennen, welcher Typ Ihr Vater war, wenn Sie die Verhaltensmuster bewußt wahrnehmen, die Sie mit Ihrem Vater gemeinsam haben, oder die Punkte, an denen Sie sich angestrengt um Abgrenzung von ihm bemühen, haben Sie den ersten Schritt getan, um den Vater zu finden, sich von ihm zu trennen und Ihr eigenes Leben zu führen.

Geben und Nehmen – Jeder Punkt zählt

Es ist kaum zu glauben, daß ich in der kurzen Zeit, die mein Vater und ich zusammen verbracht haben, so viele Dinge gelernt habe, die ich lieber nicht gelernt hätte. Ich wurde in vielerlei Hinsicht wie er. Zu den Dingen, die er an mich weitergab, gehört zum Beipiel die Unfähigkeit, mir von anderen Menschen etwas schenken zu lassen. Mein Vater konnte etwas fordern, erwarten und herauspressen, aber weder er noch (bis vor kurzem) ich konnten einfach nur empfangen. Diese Unfähigkeit hat uns beide um vieles gebracht.

Den meisten Männern brauchen Sie nur in die Augen zu sehen und zu sagen: »Ich möchte dir das geben.« Egal, um welches Geschenk es sich dabei handelt, der Geber wird mit Argwohn beäugt und stillschweigend – vielleicht auch laut – nach seinen Motiven ausgeforscht. »Was willst du von mir?« »Wieviel muß ich später dafür zahlen?« »Gib es zu. Wohinter bist du in Wirklichkeit her?«

Die meisten Männer wachsen in der Überzeugung auf, daß niemandem auf dieser schnöden Welt etwas geschenkt wird. Und wenn auch vielen unter uns von unseren Eltern beigebracht wurde, daß man einem geschenkten Gaul nicht ins Maul schaut, so starren wir doch ins Gesicht des Gebenden, um einen Anhaltspunkt dafür zu finden, warum er uns etwas schenken will.

Warum sind so viele Männer derart unfähig, etwas zu empfangen? Ein Grund dafür ist sicherlich, daß die Gaben, mit denen unsere Eltern, Onkel oder Großeltern uns als Kinder beschenkten, gewöhnlich mit Haken und Ösen versehen waren, mit denen sie uns später schnappten und wie zappelnde Fische an Deck holten. Jeder führte im Geist darüber Buch, wieviel er gegeben hatte und, was noch wichtiger war, wieviel man ihm dafür schuldete.

Als Teenager erhielt ich von meinem Vater immer Taschengeld, und anschließend versuchte er, mir Scham oder Schuldgefühle einzuflößen und mich dazu zu bringen, daß ich mich seinen Wünschen fügte. Ich bekam einen Dollar, und er verlangte dafür ein Pfund meines Fleisches.

»Komm mit in den Garten und hilf mir«, sagte er am Sonntag nach dem Abendessen.

»Nein, danke, Papa, ich bin müde. Ich möchte mich nur noch unterhalten oder fernsehen.«
Er stürmte hinaus und stieß Worte aus, die mir unmißverständlich meine moralische Schändlichkeit vor Augen führten. »Nun gut, dann komm aber nächste Woche nicht an und bitte mich um mehr Geld, wenn du mir nicht einmal von Zeit zu Zeit zur Hand gehen kannst.«
Stets wünschte ich mir dann, ich hätte keinen Pfennig von ihm angenommen, und schwor mir, es nie wieder zu tun.
Ein Aspekt an dieser Geschichte ist mir erst vor kurzem klargeworden, und er ist wichtig für das Verständnis unserer Väter. Ich glaube inzwischen, daß mein Vater mir deswegen all seine Geschenke nur mit solchen Haken überreichte, weil er mit mir zusammensein wollte und nicht wußte, wie er mich direkt darum hätte bitten können. Er konnte nicht sagen: »Ich möchte mit dir zusammensein. Du fehlst mir. Ich möchte dir nahe sein. Komm mit in den Garten und durchbrich die Einsamkeit, mit der ich mich selbst umgeben habe. Bitte, mein Sohn, durchbrich die Monotonie des Selbstgesprächs, das ich immer führe, wenn du weg bist.«
Er konnte das nicht sagen, und deshalb verschwor er sich unbewußt gegen mich, um mich in seiner Schuld zu halten.
Viele Männer lernten, jeder Freundlichkeit zu mißtrauen, für die keine Gegenleistung gefordert wurde, weil ihre Väter und Mütter oder vielleicht auch ihre Großeltern Angst davor hatten, bedingungslos zu geben.
Als mir eine Frau beim Liebesakt zum ersten Mal sagte, ich sollte mich einfach »entspannen und genießen«, dachte ich, sie verfolge einen Plan und würde mir später die Rechnung dafür präsentieren. Was konnte sie nur wollen? Ich war so verdutzt und verwirrt, daß ich mich während unseres Zusammenseins nur in meinem Kopf versteckte und ihre Moti-

ve analysierte, anstatt mich dem Vergnügen ihrer Gegenwart hinzugeben. Der Augenblick zerrann mir unter den Fingern, weil ich ihr die Absichten meines Vaters unterstellte.

Zu Beginn des Heilungsprozesses, der mich als erwachsenes Kind eines Alkoholikers von den Träumen meiner Kindheit befreien sollte, wurde mir klar, daß ich unfähig war, mit Anmut zu empfangen. Ich konnte geben – nicht mit Anmut, wo denken Sie hin? –, aber ich habe viel von mir gegeben, meine Zeit, mein Geld, mitunter bis zu dem Punkt, daß ich gelegentlich ganz ohne auskommen mußte – ich habe Opfer gebracht, bis es weh tat. Das war lange, bevor ich erkannte, daß ein Großteil meines Gebens in der Hoffnung wurzelte, daß irgendwann irgend jemand auch mir geben würde. Der Haken war nur, daß ich mir von niemandem etwas geben ließ, weil ich nichts annehmen konnte.

Vor nicht allzu langer Zeit erst wurde mir bewußt, daß meine Art des Gebens weit mehr der meines Vaters ähnelte, als ich je zugeben wollte. Ich habe in der Vergangenheit wiederholt Frauen Geld gegeben, damit sie mehr in meine Nähe zogen, was schließlich immer damit endete, daß sie sich emotional – wenn nicht sogar räumlich – weiter von mir entfernten. Oder ich habe ihnen nur Geld »geliehen«, um ihnen aus der Patsche zu helfen. Aber tief in meinem Innern habe ich immer erwartet, daß sie mich dafür entschädigen würden, nicht mit Geldwerten, sondern mit Dienstbarkeit, Schweigen oder Sex.

Erst in den letzten Jahren wurde ich fähig zu geben, ohne dafür eine Gegenleistung zu erwarten. Und langsam wächst mein Vertrauen, daß manche Leute wirklich nur mein Bestes wollen. Wenn sie mir etwas geben wollen, versuche ich es zuzulassen.

Ich bin zu der Überzeugung gelangt, daß ein Mann erst dann ohne Haken und Ösen geben kann, wenn er auch nehmen kann. Solange wir nicht begreifen, daß nicht jeder, den wir kennenlernen, brauchen und lieben, sich so verhält, wie unsere Eltern es taten, wird es uns an dem fehlen, was uns am meisten Kraft spendet – und wofür wir nicht bezahlen müssen: an Lächeln, Streicheleinheiten, Umarmungen und, was das Wichtigste ist, an Liebe.

Die Abwesenheit des Vaters akzeptieren lernen

Wahrscheinlich können Sie sich an diese Szene nicht mehr erinnern: Papa steht in der Schlafzimmertür, beinahe so groß wie die Tür selbst. Seine Hand durchschneidet die Luft, und in der spannungsgeladenen Atmosphäre blickt er mit finsterem Blick auf Ihre Mutter und Sie als Baby, das sich die Lungen aus dem Leib schreit, und sagt: »Kannst du ihn nicht irgendwie zur Ruhe bringen? Er schreit die ganze Zeit. Sieh zu, daß er den Mund hält, ja?« Sein Tonfall jagt dem Baby und der Frau, die er »liebt«, Angst ein.
An eine andere Szene erinnern Sie sich aber vielleicht. Mit sechs stürzen Sie vom Fahrrad und verletzen sich übel am Bein. Weinend stolpern Sie ins Haus. Auf all die Tränen und das Blut findet Papa nur eine Antwort: »Hör auf zu weinen und sag mir, was passiert ist. Du bist doch ein großer Junge. Es wird alles wieder gut. So schlimm ist es auch nicht. Jetzt hör endlich auf zu heulen, oder ich sorge dafür, daß du einen echten Grund dazu bekommst.« Sie hören auf. Sie weinen nicht mehr, bis Sie dreißig sind – zumindest nicht, wenn jemand Sie sehen kann. Gewiß, bei traurigen Kinosze-

nen kommen Ihnen vielleicht im Schutze der Dunkelheit ein paar Tränen. Aber weinen Sie je um Ihr eigenes Leben, um Ihre verlorene Kindheit? Nicht einmal in Ihren schlimmsten Zeiten, nicht bei Ihrem besten Freund, bestimmt nicht vor Ihrer Frau und Ihren Kindern und am allerwenigsten vor einem anderen Mann.

Wahrscheinlich erinnern Sie sich noch an die Zeit, als Sie fünfzehn waren. Sie waren dick oder dünn, bestimmt hatten Sie Pickel und waren unsicher. Die Zeit der Gespräche über Noten, über Ihre Haare, Ihre Kleidung, Ihre Freunde begann. »Papa, du hörst mir nie zu. Du hast mir noch *nie* richtig zugehört.« Und er erwiderte etwas wie: »Das ist doch Quatsch. Ich weiß nicht, was du von mir willst. Sag mir, was willst du eigentlich? Und nimm diesen verdammten Ohrring aus dem Ohr, solange du in meinem Haus lebst.« Sie sahen ihn an und fragten sich, ob es zwischen Ihnen und ihm, ihm und Ihrer Mutter, ihm und seinem Vater, ihm und seiner Mutter je so etwas wie Liebe gegeben hatte. Und Sie riefen so laut, daß die Väter der ganzen Welt Sie hätten hören können, wenn sie nur einmal zugehört hätten: »Ich will nur, daß du mir endlich zuhörst. Ich will, daß du nur ein einziges Mal versuchst, mich zu verstehen. Daß du verstehst, wie ich mich fühle, verdammt noch mal.« Aber das einzige, was Sie zu hören bekamen, war: »Junge, so lasse ich in meinem eigenen Haus nicht mit mir reden.«

Also verließen Sie das Haus Ihres Vaters und zogen sich in ein distanziertes Schweigen zurück. Sie wurden geistig und emotional heimatlos und wollten nie über Ihre Verluste sprechen, weder über den Ihres Vaters noch über den Verlust Ihrer eigenen Stimme.

Zwanzig Jahre später sprechen Sie vielleicht noch immer mit niemandem. Sie fressen alles in sich hinein, vertrauen niemandem. Sie glauben, niemand könnte wirklich zuhören, Sie wirklich verstehen. Sie wissen nichts über Ihren Vater, mögen ihn nicht besonders, aber bei jedem Besuch streiten Sie sich mit ihm. Ihr Vater weiß nichts über Sie, aber er ist nach wie vor davon überzeugt, daß er weiß, was das Beste für Sie ist.

Vielleicht ist das der Grund dafür, warum sich der Sohn wie ein Eindringling fühlt, wenn er schließlich in einer Männergruppe auftaucht oder an einem Männertreffen oder einer Zwölf-Schritte-Selbsthilfegruppe[1] teilnimmt und sieht, wie andere Menschen miteinander sprechen und ihren Schmerz teilen, so, als gehöre er nicht dorthin. Er fühlt sich verlegen und hat Angst. Er kann seinen eigenen Augen und Ohren nicht trauen, die ihm sagen, daß er Gehör finden *kann.*

Ein Vater, der seinem Sohn nicht zuhören und ihn nicht verstehen kann, verwundet ihn so, wie sein Vater ihn verwundete. Ganz tief unten erkennt der Vater womöglich die Vertrautheit des Ganzen. Sein Sohn hat, mangels eines positiven Beispiels, nie gelernt zuzuhören, und so hat auch dem Vater nie jemand zugehört. Väter brauchen das Gefühl, gehört und verstanden zu werden, ebenso wie Söhne. Und Väter wollen besonders von ihren Söhnen gehört werden. Doch der Sohn, der nicht zuerst bei seinem Vater Gehör findet, wird taub und stumm für alle, sogar für sich selbst.

Wenn ein Sohn schließlich über seinen Vater spricht, dann schaut er zur Decke hoch oder in den Himmel, weit weg von seiner verwundeten Seele, während er sagt: »Ich glaube,

1 Das »Programm der Zwölf Schritte« ist ein Modell der Anonymen Alkoholiker, das Alkoholkranken helfen soll, nüchtern zu leben. Es ist außerdem Basis für die Arbeit der Selbsthilfegruppen der Angehörigen von Alkoholikern (Al-Anon).

mein Vater hat sein Bestes versucht. Er hat wirklich hart gearbeitet. Er hat gut für uns gesorgt. Natürlich hat er ein paar Fehler gemacht, aber er war nicht so schlimm wie andere Väter ... Ich weiß wirklich nicht, warum wir Zeit vergeuden und über ihn reden sollen. Er war nie da. Es ist meine Mutter, um die es geht. Über sie gibt es eine Menge zu erzählen. Ich bin mir ziemlich sicher, daß sie der Grund für meine verkorksten Beziehungen ist.« Die Eile, mit der der Sohn die Unterhaltung vom Vater weg zur Mutter lenkt, ist ebenso aufschlußreich wie verständlich.

Vielen Männern fällt es weitaus leichter, über die Gefühle ihrer Mutter gegenüber zu sprechen, einfach weil sie präsenter und verfügbarer und daher auch leichter zu beobachten war. Es ist einfacher für uns, ihre Schwächen und Fehler und deren Auswirkungen auf uns zu erkennen. Dagegen ist der Vater uns ein Rätsel, ein Schatten, der im Dunkeln hinein- und hinausschlich, nachdem wir im Bett waren oder bevor wir aufstanden. Die meisten Männer haben ihre Väter nicht genügend zu Gesicht bekommen, um sicher sagen zu können, welche Persönlichkeitszüge sie von ihnen geerbt und welche sie bei ihren kurzen Treffen mit dem Milchmann und dem Postboten von jenen übernommen haben.

An Mama läßt sich aus mehreren Gründen sicherer arbeiten. Gelegentlich bitte ich einen Mann in einer Männergruppe, den Satz »Mama wird immer ...« zu vervollständigen. Acht von zehn Männern schreiben etwas wie: »Mama wird immer *dasein* oder *mich lieben* oder *mich akzeptieren.*« Wenn ich einen Mann bitte, den Satz »Papa wird immer ...« zu vervollständigen, dann werden dieselben acht von zehn Männern antworten: »Papa wird (mich) immer *kritisieren, weggehen, verletzen, verlassen* oder *anschreien.*« Die Männer haben Angst, daß ihr Vater, wenn sie erst einmal ihre Gefühle ihm gegenüber zulassen, am Ende dieses Prozesses nicht mehr für sie dasein wird – insbesondere, weil die meisten Väter am Anfang auch schon nicht da waren.

Ein weiterer Grund, warum wir uns bei der Auseinandersetzung mit der Mutter sicherer fühlen, ist, daß unsere Bindung an sie eher einem Seil ähnelt, während die Vaterbindung dünner ist, mehr einem Spinnfaden gleicht. Wir fürchten, daß dieses zarte Band ein für allemal durchtrennt wird, wenn wir erst einmal anfangen, uns mit ihm zu befassen, und daß wir dann ohne Halt, ohne Verbindung zu unserem ersten, unserem einzigen Modell von Männlichkeit (wie schädlich und *fehlerhaft* es auch immer sein mag) in den leeren Raum hinaustreiben. Der kleine Junge in uns hat das Gefühl, daß er nie mehr von einem Vater umsorgt werden wird, wenn er sich von dem einzigen Vater löst, den er je hatte. Wer wird sich um uns kümmern, uns ein Dach über dem Kopf bieten und unseren Magen füllen, wenn nicht Papa? Wenn wir seinen Zorn erregen, könnte er uns verlassen und dem Tod preisgeben.

Papa hat uns irgendwie die Botschaft vermittelt, daß er zutiefst von uns enttäuscht wäre, wenn wir Traurigkeit oder Wut zeigen würden, denn seiner Ansicht nach ist es unmännlich, Gefühle mitzuteilen. Deswegen wollen wir uns weder mit ihm noch mit seinen Unzulänglichkeiten auseinandersetzen, nicht einmal wenn er uns nicht sehen oder hören kann, nicht einmal in der Sicherheit einer Männergruppe. Wir wollen unseren Schmerz nicht spüren, nicht einmal in einer Selbsthilfegruppe. Deswegen zögern wir bis zum letzten Moment, unseren Schmerz zuzulassen, unserem Ärger Luft zu machen, so daß unsere Wunden nicht heilen können. Wir warten und warten, daß Papa die Dinge für uns ins Lot bringt – wir warten bis zur zweiten oder dritten Scheidung oder bis zum Bruch mit einem Menschen, den wir mehr liebten, als wir auszudrücken, zu zeigen oder uns selbst zuzugeben vermochten. Dann erst können wir nicht mehr leugnen, wie hoffnungslos unsere Erwartungen sind, wie fruchtlos unser Warten ist. Wenn wir jedoch akzeptieren, daß unser Vater immer fern, abwesend sein wird, dann können wir langsam auch unseren Schmerz anerkennen und die Wunde sanft untersuchen und säubern – aus eigener Kraft und gemeinsam mit anderen Männern.

Bei einem Männertreffen: Den Vater bekämpfen, lieben und verlassen

Abseits der Hauptstraße an einem mit den Jahren von Traktoren und Karren zuschanden gefahrenen Weg liegt die »West Texas Ranch« von Marvin Allens Großvater, in deren Abgeschiedenheit Marvin, der Leiter des Männerzentrums von Texas, und ich bereits mehrfach Männertreffen durchführten. Die Toyotas, Volvos und Lincolns wirken immer irgendwie fehl am Platze, wenn sie wie kürzlich an einem Freitagmorgen auf dem Weg zum Ort des Treffens diese zerklüftete Landschaft mit Kakteen und Kuhherden durchqueren.

Ungefähr hundertfünfzig Männer nahmen an diesem Treffen teil. Sie waren zu einem Drei-Tage-Zeltlager und zu einer Reise in ihr Inneres gekommen, die sie mit ihren Ängsten, ihren Vätern, ihren Fehlschlägen und miteinander konfrontieren sollte. Sie waren ausgeschwärmt über ein Gelände von etwa eineinhalb Hektar, um einen Platz für sich zu finden, ihr Zelt aufzustellen und ihre Sachen zu verstauen. Viele wirkten zögerlich, fühlten sich unsicher auf dem abweisenden Gelände und fragten sich, warum sie überhaupt hierher gekommen waren.

Am Freitag abend und am Samstag morgen schwirrten unzählige Gefühle und Ängste durch die Luft. Gruppen von Männern sprachen miteinander, trommelten und fühlten sich gemeinsam in Gegenwart anderer Männer wohl, während sie in einer Weise an ihren Gefühlen arbeiteten, wie sie es noch nie zuvor getan hatten.

Am Samstag nachmittag war es heiß, und die Sonne blickte so erschöpft drein wie die Männer, denen sie den ganzen Tag lang eingeheizt hatte. Ich leitete eine Gruppe, in der ein junger Mann namens Chris zu sprechen begonnen hatte. Chris war gut eins achtzig groß, jeder Muskel an ihm zeugte von seinem Muskelaufbautraining in Florida. Er war voller Wut. Trotz seiner körperlichen Stärke hatte er einen abgekämpften und zerschlagenen Gesichtsausdruck. »Ich habe es satt, diese Wut in mir aufzustauen, und ich bin bereit, meinem Vater zu sagen, wie es wirklich in mir aussieht.« Die Männer hörten ihm alle gespannt zu, denn er sprach den meisten von ihnen aus der Seele.

Chris war wie viele Männer, mit denen ich gearbeitet habe, und er war in vielem wie ich. Ich war immer sehr wütend auf meinen Vater. Wie Chris wollte ich ihm sagen, wie ich mich fühlte, aber jahrzehntelang hatte ich zuviel Angst vor seinen möglichen Reaktionen. Auch Chris hatte Angst vor der Reaktion seines Vaters, Angst, er würde entweder verletzt sein und sich beleidigt in Schweigen zurückziehen oder toben und ihn so schlagen, wie er es getan hatte, als Chris noch ein Kind war. Chris war so von Angst erfüllt, daß er jedesmal in Gegenwart seines Vaters vom Hals abwärts gefühllos wurde.

»Ich habe eine solche Wut in mir, daß ich das Gefühl habe, ich wäre zu nichts anderem mehr fähig, dabei weiß ich, daß das nicht stimmt. Ich liebe meinen Vater, aber ich bin so stinkwütend, daß ich nichts anderes für ihn empfinden kann.« Chris weinte, während er das sagte. »Ich weiß nicht, womit ich anfangen oder was ich ihm sagen soll oder ob ich ihm überhaupt irgend etwas sagen soll. Aber diese Wut frißt seit Jahren an mir. Ich wollte mich mit ihm auseinandersetzen und dieses ganze Zeug bis zum nächsten Vatertag aufgearbeitet haben, aber ich sehe schon, daß ich mir damit nur eine künstliche Frist gesetzt habe.« Ein Mann streckte ihm seine Hand entgegen, und Chris packte sie verzweifelt und dankbar. »Ich weiß, daß sich das nicht über Nacht ändert, aber manchmal glaube ich, ich werde immer so bleiben. Wir streiten und bekämpfen und beschimpfen uns noch immer genauso wie damals, als ich noch ein Junge war. Ich sage ihm nie, was ich wirklich fühle – was ich seit langer Zeit gefühlt habe. Manchmal glaube ich, das einzige, was uns verbindet, ist Wut. Wenn die Wut weg wäre, bliebe nichts übrig. Und es macht mir große Angst, das zu sagen. Wißt ihr, was mir am meisten Angst einjagt? Daß ich eines Tages herausfinde, wie ich mit ihm reden kann, und ihm meine Gefühle sage und daß er zuhört und sich sogar entschuldigt und mir sagt, er würde mich wirklich verstehen. Ihr haltet mich vielleicht für verrückt, aber das erschreckt mich zu Tode.«

Chris schluchzte mittlerweile wie die meisten anderen Männer in der Gruppe. »Ich weiß, wie ich gegen meinen Vater kämpfen kann, aber ich weiß nicht, wie ich ihn einfach lieben kann.«

Chris durchlitt jenen Schmerz, den viele Männer kennen. Er begriff langsam, daß er seine Gefühle sowohl sich selbst wie auch anderen gegenüber abtötete, wenn er den Problemen mit seinem Vater nicht ins Gesicht sah. Er suchte nach einem Ausweg aus dem Wartespiel, das er mit seinem Vater spielte, einem Ausweg aus diesen trostlosen, zerstörerischen Verhaltensmustern und den Szenarios immer gleicher Kämpfe zwischen Männern. Und doch spürte er, daß die Veränderung auch ein Risiko für ihn in sich barg – obwohl er ihre Beziehung haßte, hatte er den Weg der Heilung noch nicht gefunden, der ihn von ihrem beinahe zwanghaften gegenseitigen Bohren in den Wunden des anderen hin zu einer positiven Beziehung führen würde. Sie waren in ihrem Verhalten zueinander so erstarrt, daß Chris erst neue Verhaltensweisen, neue Beziehungsformen lernen mußte. Und dieses unbekannte Terrain machte ihm angst, aber gleichzeitig würde es ihn zu seiner eigenen und vielleicht auch zur Heilung seines Vaters führen. Diese Gefühle standen am Beginn des Prozesses, in dem er falsche und schmerzhafte Erwartungen hinter sich lassen und fähig werden würde, seinen Vater und sich selbst kennenzulernen.

Bei einem anderen Männertreffen: Den Vater mit eigenen Augen sehen

Nebel hing über den Bergen New Mexicos, von denen man einen Blick auf Las Vegas hat, eine kleine Stadt etwa hundertzehn Kilometer von Santa Fe entfernt. Der Regen traf die Männer auf ihrem Weg vom Auto zum Zelt, zu der Scheune, in der wir uns zusammendrängten, an uns arbeiteten und darauf warteten, daß der Himmel aufklarte, damit wir uns auf den Rückweg zu dem Ort machen konnten, der für die hundertdreißig Männer des von Marvin

Allen, Shepherd Bliss und mir geleiteten Treffens vorbereitet war.

David, ein Künstler mit kleinen Händen, einem rundlichen Gesicht und dichten Augenbrauen, erinnerte mich an Chris von unserem letzten Treffen, weil er in sich so viel Traurigkeit angesammelt hatte, wie Chris Wut aufgestaut hatte. Mehr als einmal begann David zu weinen und hörte wieder auf, wenn seine Gefühle unterdrückt und überdeckt wurden, weil er vor seiner Vergangenheit und seinem Schmerz floh. Er versuchte uns mit Logik zu erklären, was in seinem Leben falsch lief, damit wir verstehen konnten. Aber seine Stimme war dabei emotionslos. Er sprach darüber, wie er wieder eine Beziehung zu dem kleinen Jungen in sich geknüpft hatte, der verletzt worden war, und wie gut er sich deswegen fühle. Er hatte sogar begonnen, dem Halbwüchsigen von damals zu verzeihen, der alles ausagiert hatte und »jeden herumkommandiert und sich einen runtergeholt hatte«. Nun brauchte er ein wenig Zuwendung und Heilung. Deshalb war er gekommen. Er sagte, er könne seine Gefühle nicht mehr länger zurückhalten.

Plötzlich begannen mitten in dieser Beschreibung die Tränen zu fließen. »Es hat mir so gefehlt, daß ich meinen Vater nicht kannte. Meine Mutter sagte mir, was ich ihm gegenüber fühlen sollte. Ich sah ihn mit ihren Augen und konnte ihn nie mit meinen eigenen sehen. Nun ist er tot, und es ist zu spät dazu. Er fehlt mir schrecklich. Manchmal durfte ich mit ihm arbeiten, und die Sachen, bei denen er mir beim Bauen half, sind das einzige, was ich als Teenager zustande gebracht habe. Heute bringe ich anscheinend überhaupt nichts mehr zustande.«

Er weinte, und all die Männer, die ihn verstanden und jedes Wort mit ihrem Körper fühlen konnten, kamen zu ihm, um ihn in ihre Arme zu schließen. Sie gaben ihm Halt, als er schluchzend um den Vater trauerte, den er nie wirklich gesehen, nie wirklich gekannt hatte.

Robert Bly erzählt die Geschichte eines Mannes, der sich auf die Suche nach seinem Vater begab, welcher ihn und seine Mutter verlassen hatte, als er noch sehr klein war. Alles, was er über seinen Vater wußte, von ihm dachte und an ihm haßte, war ihm in erster Linie von seiner Mutter in den Kopf gesetzt worden. Schließlich fand der Mann sich mit Mitte Dreißig vor der Tür seines Vaters, er klingelte, sah, wie die Tür sich öffnete, überlegte, was sein Vater wohl sagen würde. Vielleicht: »Geh weg, mach, daß du hier wegkommst. Laß mich in Ruhe!« Ich bin sicher, das war seine größte Angst. Der alte Mann kam an die Tür und erkannte seinen Sohn. Der junge Mann sagte: »Ich bin gekommen, um dich kennenzulernen, um dich zu sehen und mir selbst ein Bild von dem zu machen, was du bist und was du nicht bist. Ich will dich nicht mehr länger mit den Augen meiner Mutter sehen.« Der alte Mann blickte seinen Sohn an und erwiderte: »Nun kann ich in Frieden sterben.«

Wenn ich heute hier sitze und über Männer, mich und meinen Vater schreibe, dann frage ich mich, ob mein Vater es vermißte, mich mit seinen eigenen Augen zu sehen. Er war so oft weg, daß er sich auf die Erzählungen meiner Mutter verlassen mußte, wenn er spätabends von der Arbeit heimkam. Ich frage mich, ob er es vermißte, mir Geschichten zu erzählen, mich auf den Schoß zu nehmen, mich wachsen zu sehen. Ich frage mich, ob er gerne mehr mit mir zusammen gewesen wäre und mich gerne so kennengelernt hätte, wie man jemanden nur beim Ballspielen oder beim

Angeln kennenlernt. Wir haben uns einige Male ohne großen Erfolg an solchen Dingen versucht. Wenn wir im Hof Ball miteinander spielten, schien er mit den Gedanken woanders zu sein, und wenn ich den Ball nicht mit der von mir erwarteten Geschicklichkeit auffing, verlor er schnell die Geduld und ging ins Haus zurück. Ähnlich war es beim Angeln: Meine Angelschnur verhedderte sich, und am Ende schnauzte er mich an und warf mir Gemeinheiten, an die ich mich nicht genau erinnere, an den Kopf. Ich angle noch immer nicht gerne.

Ich frage mich, ob unsere Beziehung sich gebessert hätte, wenn wir Zeit gehabt hätten, uns ein wenig mehr aneinander zu gewöhnen und unsere Persönlichkeiten und Körper mehr aneinander zu reiben.

Indem ich alle Formen von Trauer und Wut durchlebte, die sich durch das Fehlen und die Abwesenheit meines Vaters und durch die Sehnsucht, er selbst wünschte mit mir zusammenzusein, in mir aufgetürmt hatten, konnte ich ihn langsam mit realistischeren Augen sehen. Die Stunden, in denen ich auf ein Kissen eingedroschen, einen Stift durch eine Zeitschrift gebohrt und vor Qual laut herausgeschrien hatte, ganz zu schweigen von der therapeutischen Arbeit und den Selbsthilfegruppen, begannen sich langsam auszuzahlen. Mein Rücken straffte sich, und ich fühlte mich besser. Mein Gesicht entspannte sich, und ich fühlte mich leichter. Meine Wut entlud sich, und ich konnte verantwortlicher mit meinem eigenen Leben umgehen. Ich wußte es damals noch nicht, aber ich war auf dem besten Wege, mich von dem Vater, den ich nie hatte, zu lösen und ihn wie auch mich mehr als Menschen zu sehen als je zuvor.

Das ist die Erkenntnis, die Sie hoffentlich aus den Erfahrungen mit den spontan aufbrechenden Gefühlen von

Chris und David sowie der anderen Männer aus unseren Treffen ziehen – die Erkenntnis Ihrer eigenen tiefen Verletztheit und die Erkenntnis, daß sich ein Weg zu neuer Selbstachtung und Meisterung des eigenen Lebens auftun kann, wenn Sie diesen lange verleugneten Schmerz zulassen.

Wenn Väter sich Zeit nähmen

Ich gehe abends spazieren, wenn die Sonne alles, was sie berührt, in Gold taucht, alles erfaßt und mit ihrem Glanz überzieht, was sich bewegt, fliegt oder stillsteht. Zu dieser Tageszeit vermisse ich als kinderloser, potentieller Vater Kinder am meisten, und ich sehe und lausche mit gierigen Augen und Ohren auf das Lachen, die Geschichten und Tränen der Kinder anderer Männer. Manchmal, wenn ich beobachte, wie die Väter das Lächeln ihrer Kinder ungesehen verblassen lassen, wie sie ihren Kratzern keinen Kuß und ihren Rufen keine Beachtung schenken, würde ich am liebsten zu ihnen hinlaufen und sagen: »Bitte, achten Sie auf Ihr Kind.« Wenn ich die Worte »Baby« oder »Kind« höre, möchte ein Teil in mir trostsuchend in Weinen ausbrechen. Weil ich nie eine Kindheit hatte, bedeuten diese Worte für mich nur Verlust, anstatt mich mit Hoffnung auf die Zukunft und der Wärme der Vergangenheit zu erfüllen.

Heute hörte ich, wie ein Junge einen Stock auf den Boden warf und zu seinem Vater sagte: »Hör mal, Papa, was ich für ein Geräusch mache mit dem Stock.« Der Vater ging weiter und sagte seinem Sohn, er solle sich beeilen oder er würde ihn zurücklassen. Später sah ich, wie ein kleines Mädchen mit einem runden Gesichtchen einen Stein aufhob, während ihr Vater einen Schaufensterbummel durch seinen vielbeschäftigten Kopf machte und alles, was er an diesem Tag oder in seinem bisherigen Leben getan hatte – oder auch nicht –, vor seinen Augen Revue passieren ließ. Vielleicht dachte er auch darüber nach, was er alles kaufen könnte, wenn er nur wüßte, wie man aus Blei Gold macht. Sie hielt ihm jedenfalls den Stein entgegen und war dabei so aufgeregt, als wäre er das Gold, nach dem ihr Vater sich sehnte. »Wirf das schmutzige Ding weg, junge Dame. Es ist scheußlich.« Sie legte den Stein wieder hin, und aus ihrem Gesicht, vielleicht auch aus ihrer Seele, verschwand etwas. Der von zwei kleinen Händchen emporgehobene Gott im Stein wurde zu etwas Scheußlichem, und sie würde vielleicht nie wieder einen Stein anfassen und sehen wollen. Wenn sie so alt sein wird wie ihr Vater und ich, wird sie dann ihrem Kind sagen, es solle Gott weglegen wegen eines Schaufensterbummels? Und wird sie sich weit weg fühlen von sich und denen, die sie liebt, von den Tagen, als Steine noch heilig waren und Stöcke noch Musik machen konnten?

Wenn wir Männer uns die Zeit nehmen würden, um den Verlust unserer Kindheit zu spüren und über die Worte »Baby« und »Kind« zu trauern, wenn wir Tränen vergießen könnten, weil jemand uns zur Eile antrieb, als wir Aufmerksamkeit, Gehör und vielleicht ein wenig Nachsicht gebraucht hätten, dann, so glaube ich, stünden wir uns selbst näher und wären vielleicht fähig, die Väter zu werden, die wir nie hatten.

Männer ohne Männer – Wie die Wunde uns von anderen Männern und von unserem Selbst trennt

Die meisten Männer haben Angst davor, einander zu vertrauen. Selbst wenn sie Schwierigkeiten in ihren Beziehungen zu Frauen haben, vielleicht sogar mehr oder weniger frauenfeindlich sind (je nachdem, ob sie ihre gesellschaftlichen Lektionen ordentlich gelernt haben), trauen sie Frauen dennoch mehr als Männern.

Viele Männer haben das Gefühl, es gäbe mehr Gründe gegen Freundschaften mit anderen Männern als dafür. Einer der Gründe für diese Distanz zu anderen Männern liegt in ihrer Kindheit: Wenn ihr Vater nicht für sie dasein konnte, wie soll dann dieser Kerl, den sie gerade erst kennengelernt haben, für sie dasein? Wenn ihr Vater, ihre Onkel oder Großväter sie immer verletzten, erniedrigten oder sie wegen ihrer Arbeit, wegen Whisky oder Frauen im Stich ließen, wie sollen sie dann je Vertrauen zu anderen Männern entwickeln?

Einfach ausgedrückt, Männer lernen in ihrer Kindheit, sich *nicht* auf andere Männer zu verlassen. Im folgenden finden Sie dafür in einem in der Zeitschrift *Man!* erschienenen Artikel des Schriftstellers und Workshop-Leiters Jed Diamond ein ausgezeichnetes Beispiel:

> »Ich erinnere mich an den Tag, an dem es geschah, so deutlich, als wäre es gestern gewesen«, sagte Robert.

Seinem Gesichtsausdruck war nichts anzumerken, nur tief in seinen Augen verriet etwas seine Gefühle. »Ich schrie gellend: ›Papa, Papa‹, als ich ihm mit ausgestreckten Armen entgegenlief. Aber gerade als ich ihn erreicht hatte, drehte er sich beiseite, und ich schlug bei meinem Sturz mit dem Kopf auf dem Tisch auf. Ich kann mich nicht genau erinnern, was danach war, außer daß Papa mich auf der Fahrt ins Krankenhaus anschrie, ich solle ruhig sein. Einige Tage später ...« – Roberts Blick blieb fest, als er sich an die Worte seines Vaters erinnerte. Ich konnte die Tränen, die über meine eigenen Wangen liefen, nicht zurückhalten, als er fortfuhr –» ... setzte mein Vater mich auf seinen Schoß und sagte: ›Mein kleiner Junge, eines mußt du dir merken – du kannst niemandem auf dieser Welt trauen, nicht einmal deinem eigenen Vater.‹«

Wenn Sie einen Mann nach seinen männlichen Freunden fragen, bevor er anfängt, sein wahres Selbst zu suchen, oder bevor er an einem Männertreffen teilnimmt, antwortet er häufig etwas wie: »Na ja, ich habe schon Freunde, natürlich. Josef und ich, wir sind schon seit zwanzig Jahren befreundet. Er ist mein bester Freund. Das Problem ist nur, daß er vor zehn Jahren weit weggezogen ist. Wir halten noch immer Kontakt und sehen uns, sooft es geht. Mit Josef kann ich über alles reden. Aber anscheinend gibt es hier niemanden wie Josef.« Ich sage dazu: »Quatsch« – dieser Mann hat Angst davor, wieder jemandem zu vertrauen. Schließlich hat Josef ihn verlassen, genauso, wie sein Vater es tat, einmal oder immer und immer wieder.

Wenn Männer sich nicht andere Männer zum Freund nehmen, dann werden sie die Befriedigung all ihrer Bedürfnisse wahrscheinlich bei Frauen suchen. Folglich wird den Frauen die Angst der Männer voreinander aufgebürdet. Es ist meine berufliche und meine persönliche Erfahrung, daß diese Bürde zu schwer ist und daß es nicht im geringsten die Aufgabe der Frauen ist, sie zu tragen.

Viele Frauen weigern sich heute, diese Rolle auszufüllen, denn sie haben sie in vielen Beziehungen gespielt und mußten erleben, wie ihre Mutter über Jahre hinweg die Müllkippe ihres Vaters und sein einziger Kumpel war. Robert Bly erzählt eine schöne Geschichte über einen Mann, der all seine Probleme und Enttäuschungen bei seiner Freundin ablud. Jahrelang hörte sie ihm zu und erteilte ihm gutgemeinte Ratschläge, während sie sich vermutlich erschöpft und nach Strich und Faden ausgenutzt fühlte. Schließlich nahm sie wohl an einigen Frauentreffen teil. Als er wieder einmal ankam, um die wöchentliche Fuhre Mist abzuladen, sagte sie etwa folgendes: »Hast du das schon mal einem anderen Mann erzählt?« Er hatte natürlich nicht, mangels Männerfreund. »Erzähl es zuerst einem anderen Mann, dann höre ich dir zu«, sagte sie ihm in sein verwirrtes Gesicht.

Letztes Jahr gab ein Mann namens Tim bei einer Männertagung in Phoenix etwas preis, das er noch zu keinem anderen Mann gesagt hatte. Er hatte eine aufrechte Haltung und so breite Schultern, daß er jeden Vater mit Stolz und jede Mutter mit der tröstlichen Gewißheit erfüllt hätte, er könnte alles Leid dieser Welt für sie tragen. Die grauen Haare in Tims Bart zeigten, daß in seinen achtunddreißig Jahren lange Zeit die Gefühle von vielen Leute auf ihm gelastet hatten – wie auch seine eigenen.

»Ich habe Angst, daß ich mein Geschäft aufgeben muß und Bankrott mache, wenn nicht sehr schnell etwas passiert.« Er machte eine Pause und schluckte eine Träne hinunter. »Der einzige Mensch, mit dem ich darüber gesprochen habe, ist meine Frau. Und sie macht sich solche Sorgen, daß ich ihr nicht zeigen kann, wieviel Sorgen ich mir in Wirklichkeit mache.« Seine Lippen zitterten nun vor Angst und innerem Aufruhr. Tims Unfähigkeit, seine Ängste anderen Männern anzuvertrauen, hatte die Belastung seiner Frau zweifellos noch erhöht. Sie spürte nicht nur ihre eigene Angst, sondern mußte auch seine alleinige Stütze sein und dabei noch das Gewicht seiner unausgesprochenen Sorgen mittragen. Einige aus der Gruppe machten Tim das deutlich, er weinte, und schließlich lächelte er. Seine Last – und auch ihre – war nun etwas leichter geworden, unsere wurde deswegen aber nicht schwerer. Und uns einte nun ein gemeinsames Vertrauen, das, so hofften wir, wie ein heilsamer Balsam auf unsere Vaterwunden wirken und uns befähigen würde, mehr und tieferes Vertrauen in die Männer um uns zu entwickeln.

Wenn man dem eigenen Vater nicht vertrauen kann

Da wir unseren Vätern nicht vertrauten, sowenig wie sie uns, fällt es uns auch schwer, irgendeinem anderen Mann volles Vertrauen zu schenken. Wenn Sie Ihrem Vater als Person kein Vertrauen entgegenbrachten, dann können Sie sich auch nicht auf ihn als männliches Vorbild verlassen. Folglich können Sie auch kein Vertrauen zu sich selbst und zu Ihrer eigenen Männlichkeit entwickeln. Anders gesagt, wenn Sie als Mann Ihren Vater als Konkurrenten, Peiniger oder einfach als Arschloch wahrnehmen und wenn er Ihre erste Begegnung mit Männlichkeit ist, dann nehmen Sie

damit in sich auf, daß Sie ebenfalls ein Konkurrent, ein Peiniger oder eben ein Arschloch sein müssen.
Wenn ein Mann bei keinem anderen Mann das Vertrauen haben kann, daß dieser ihm Fürsorge, Mitgefühl und Rücksichtnahme entgegenbringt, dann wird er diese emotionale Unterstützung wie auch seine Verhaltensmodelle beim anderen Geschlecht suchen. Die Mutter ist leichter erreichbar, sanfter und wird ihm sogar manchmal zuhören. Er wendet sich dem Weiblichen zu, um Trost, Fürsorge, Verständnis und Liebe zu finden, sein Leben dreht sich um Frauen, die er ständig beobachtet und von denen er jedes Wort, jede Geste und Bewegung, die er später imitieren könnte, auf die Waagschale legt, was andere Frauen dann gewöhnlich anziehend an ihm finden (zum Beispiel seine Mutter).
Er kehrt der Gemeinheit, die er mit Männlichkeit gleichsetzt, den Rücken und bewertet das Weibliche auf Kosten seiner eigenen Männlichkeit über. Doch seine Wertschätzung für Frauen ist inhaltslos und unreif. Wie unangemessen diese Sichtweise ist, zeigt sich an seinem Verhalten gegenüber Frauen, sich selbst und allen anderen.
Sein übermäßiger Drang, mit seiner weiblichen Seite in Berührung zu kommen, wirkt gut auf Frauen, verwirrt Männer und verhindert wahre Freundschaft mit beiden Geschlechtern. Er traut weder seiner weiblichen Seite noch seiner Männlichkeit, also wird er zu dem, was Bly als »soften Mann« bezeichnet hat, zu einem Mann voller guter Absichten, der niemandem weh tun will, letztendlich aber genau dies tut, und zwar jedem, mit dem er in Berührung kommt, einschließlich seiner selbst.
Er ist gefährlich, denn er hat sich mit etwas infiziert, das ich als »falsche Weiblichkeit« bezeichne, falsch, weil jeder echte und tiefe Kontakt mit diesem Teil seines Selbst zuallererst

in der Akzeptanz seiner eigenen Männlichkeit gründen muß.
Dieser »softe Mann«, der aus seiner »falschen Weiblichkeit« eine Show macht, ist leicht zu erkennen. Seiner Stimme, seinen Handlungen und seinem Wesen fehlt es an Durchschlagskraft. Er liebt vielleicht die Erde und ißt nur vegetarisch, aber er ist unfähig, entschieden für die Rettung des Planeten oder für irgendeinen Menschen oder irgendeine Sache einzutreten. Es fehlt ihm die Energie, die ja sagt zum Leben und nein zu Drogen, Alkohol und anderen Abhängigkeiten und selbstzerstörerischen Verhaltensweisen.
Der Sohn muß den Vater finden, um Zugang zu seiner eigenen Männlichkeit zu erhalten. Die Vaterwunde muß freigelegt werden, der Sohn muß sich mit ihr befassen und mit ihr fertig werden, damit er eines Tages seiner eigenen Männlichkeit vertrauen kann. Ohne ein tiefes Vertrauen in unsere eigene Männlichkeit werden wir Frauen so sehr »brauchen«, daß sie zur Nahrung unserer Seele und zum Mittelpunkt unseres Lebens werden, und wir werden weder unser ureigenstes Wesen je verstehen können noch lernen, uns oder anderen Männern unsere Geheimnisse oder unser Leben anzuvertrauen.

Der vergessene Körper – Eine einzige große Wunde

Wenn Sie sich als Kind schämten oder eine Strafe wie eine Tracht Prügel oder Schläge erhielten oder ein eisiger, gefühlloser Blick aus dem schweigenden Gesicht Ihres Vaters Sie traf – dann fühlten Sie sich wahrscheinlich vom Hals bis zu den Zehen betäubt. Wenn ein Junge so behandelt wird,

wird er sich normalerweise zurückziehen, bis die Luft wieder rein ist. Wenn er immer wieder so mißhandelt wird, wird er intellektuell und psychisch einen Panzer gegen Gefühle und Emotionen aufbauen. Wenn er sich seinem Körper entfremdet, spürt er die Prügel nicht mehr und entgeht der Scham. Durch diese Entfremdung vom eigenen Körper konnten die meisten von uns ihre Kindheit überstehen.

Aus unserer inneren Erstarrung blicken wir nach draußen auf die Menschen, die auf uns zugehen, um geliebt zu werden oder einfach nur um uns ihre Liebe zu schenken. Die meisten Menschen bringen ihre Liebe mit ihrem Körper zum Ausdruck, wir aber können den unseren nicht spüren aus Angst, die Gefühle, die wir mit uns herumschleppen, könnten uns und alle um uns herum überwältigen.

Zwei Körper bewegen sich aufeinander zu, doch ein verletzter Mann dirigiert seinen Körper mit dem Kopf. Er hält den Atem an, wenn die Liebe sich nähert. Schließlich waren die, die ihn »geliebt« haben, auch die, die er am meisten fürchtete; es waren dieselben, die ihm alles mögliche an den Kopf warfen, von Kritik über billiges Porzellan bis zu Schlägen.

Er hält seinen Atem an, bis der Schmerz aufhört. Aber der Schmerz hört erst dann ganz auf, wenn wir unserem Atem nicht Einhalt gebieten, wenn wir darauf vertrauen, daß wir nicht mehr auf der Hut sein müssen und unsere übertriebene Wachsamkeit ruhen lassen. Wir halten unseren Körper mehr durch unseren Willen, durch Starrheit und Angst aufrecht als durch unsere Knochen, Muskeln und unser Rückgrat.

Wenn der verwundete Mann sich entspannen und ausruhen soll, sieht er Sie an, als hätten Sie den Verstand verloren – wohl wissend, daß Sie ihn nicht verstehen. Wenn er seine Wut, seinen Zorn, seine Traurigkeit herauslassen soll, zeigt er auf seinen Körper und sagt: »Ich spüre überhaupt nichts.«

Wenn Sie sich umblicken, sehen Sie diesen Abstumpfungsprozeß überall im Gange. Ein kleiner Junge, der noch Kontakt zu seinem Körper hat, sieht zu seinem Vater auf, als wäre er ein Gott. Doch wenn der Junge erst einmal durch Prügel, Ohrfeigen, Kritik und Schmähreden dazu gebracht wurde, seinen Körper zu verlassen, dann wird der Gott zu einem Feind, vor dem man flieht, nach dem man sich jedoch gleichzeitig sehnt.

Ein Mann lebt in dem Zwiespalt, etwas fühlen zu wollen und gleichzeitig zu wissen, daß er dann leiden wird. Hat er nicht gelernt, seinen Körper zu verlassen, um keinen Schmerz mehr zu empfinden? Doch nur wenn wir lernen, unseren Körper mehr zu spüren, werden wir wahre Gefühle zeigen oder aufnehmen können. Wir müssen unser physisches Bewußtsein wiederfinden, um geistig und emotional für uns und die, die wir lieben, präsent sein zu können. Wir müssen lernen, unserem Körper, unseren Gefühlen und uns zu vertrauen, bevor wir eine Bindung zu anderen Männern oder Frauen eingehen können.

Männer, Geld und Sex

Zwei Themen bleiben bei Männerunterhaltungen fast immer ausgespart: Sex und Geld. Die Männer würden gerne mehr über diese Themen wissen, mehr über die Gefühle anderer Männer dazu erfahren, aber sie haben Angst zu fragen. Bei diesen beiden Themen fühlen Männer sich am verletzlichsten.

Einige Männer versuchen es noch immer mit Selbstdarstellungen im Machostil à la John Wayne und halten große Reden, wen sie »flachgelegt« haben und wie oft sie »zum Zuge gekommen« sind. Doch weder ihnen noch denjenigen, die an ihrer Veränderung arbeiten, fällt es leicht, über ihre sexuellen Geheimnisse, ihre Leistungsängste oder ihre Stärken zu sprechen und am allerwenigsten darüber, wie sie sich fühlen, wenn Liebe in sexuelle Berührung und Vereinigung mündet. Zu diesen Themen hüllen sie alle sich in Schweigen.

Die meisten unter uns wurden so wenig in der Kunst der Liebe unterwiesen, daß wir uns schrecklich anstrengen, damit niemand merkt, wie wenig wir wirklich darüber wissen, davon verstehen oder dazu fühlen. Unsere Väter sagten uns kaum etwas, weil sie wahrscheinlich noch weniger darüber wußten als wir, die Produkte der sexuellen Revolution der sechziger Jahre, von Gleichaltrigen erfuhren. Das, was sie uns erzählten, war unbrauchbar. Mein Vater brachte mir beispielsweise bei, ich solle »mir vor dem Heiraten die Hörner abstoßen und niemanden schwängern«. Ende meiner Sexualerziehung durch Papa.

Daher ist »Sex« selten ein Thema, wenn Männer zusammen sind. Ich hoffe, die Männer werden bald ihre Geheimnisse auch in diesem Bereich miteinander teilen. Viele von uns sind zutiefst beunruhigt, weil sie nicht genug darüber wissen, und wir erwarten von uns und unseren Geliebten mehr, als vernünftig und gesund ist.

Es ist wichtig, daß wir lernen, unseren Partnern zu sagen, daß wir manchmal Angst haben und uns nicht nach Liebe zumute ist. Manchmal möchte ich nur im Arm gehalten oder ohne sexuellen Hintergedanken gestreichelt werden. Manchmal strenge ich mich so sehr an zu gefallen, daß »ich« dabei verlorengehe. Manchmal fühle ich mich schuldig, weil meine Geliebte keinen Orgasmus hat oder nicht so einen großartigen wie ich. Manchmal betrachte ich den Körper einer Frau und fühle mich minderwertig angesichts so komplexer, geheimnisvoller Genitalien. Manchmal bin ich gesund genug, mich nicht für den Orgasmus meiner Geliebten verantwortlich zu fühlen. Manchmal möchte ich es. Manchmal vergehen Wochen und Monate, ohne daß ein sexuelles Bedürfnis meinen Geist oder meinen Körper streift. An manchen Tagen möchte ich zwei- oder dreimal lieben. Hin und wieder, und zwar immer öfter, danke ich Gott für meinen Schwanz und meine zwei Eier, selbst für das eine, das tiefer hängt als das andere. Und ich bin froh, weil ich ein Mann bin und lerne, auf die Weisheit meines Penis zu hören. Ich höre darauf, bevor ich ihn in gefährliche Partner stecke. Ich lasse mir von ihm sagen, ob ich mich sicher genug für eine Erektion fühle.

Abgesehen von Sex fühlen die meisten Männer sich auch nicht sicher genug, um über Geld zu sprechen. Unser Geld liegt im sicheren Schließfach unseres Kopfes, oder es ist in einem Gewölbe der Angst eingesperrt. Männer sagen Dinge wie: »Ich mache sechs Riesen« oder: »Ich bin pleite«, aber wenn man sie fragt, wieviel Geld sie gerade in der Tasche haben oder auf ihrem Bankkonto, antworten sie gewöhnlich: »Genug.« Ich habe als Kind gelernt, daß Geld eines der wichtigsten, wenn nicht das wichtigste Ding überhaupt im Leben ist, das man ergattern und behalten muß. Wie so vielen wurde mir beigebracht: Mach so viel, wie du kannst; gib dem Staat sowenig wie möglich; sag niemandem, wieviel du hast, das geht niemanden etwas an; kauf dir damit Liebe und Zuneigung, und nimm es denen weg, die du bestrafen willst.

Für viele Männer ist Geld ein Rätsel, im Vergleich dazu nimmt sich ihr Verhältnis zum Sex geradezu simpel aus. Aber die meisten von uns legen größten Wert darauf, so zu tun, als wüßten sie über alles Bescheid – über die Zinsen, die es abwirft, über Anlagen, über festverzinsliche Wertpapiere und steuerfreie Kommunalanleihen. Nur Banker und Steuerberater kennen sich wirklich mit diesen Dingen aus, und selbst für sie ist die Komplexität der Materie noch verwirrend.

Die meisten Männer haben Angst, sie würden nicht genug Geld abbekommen, besonders wenn ihre Eltern Kinder der großen Depression waren. Viele Männer haben gelernt, daß das Geld am besten Griffe hätte, damit man es ordentlich packen könnte, sobald man einmal welches hätte. Andere haben eine so geringe Meinung vom »schnöden Mammon«, daß sie es zum Fenster hinauswerfen oder zwanghaft verschenken. Ich habe mit nicht wenigen Männern gearbeitet, die sich unumwunden weigerten, soviel Geld zu machen, wie sie konnten; sie wollten es ihren Eltern heimzahlen, weil sie das Geld immer an die erste Stelle setzten. Manche Männer bestrafen ihre Eltern, indem sie absichtlich nie finanziell erfolgreich sind, so daß sie insgeheim sagen können: »Schaut her, wie miserabel ihr euer Kind erzogen habt. Ich kann's einfach nicht.« Oder die Botschaft lautet: »Wenn ich eine Menge Geld verdiene, werdet ihr stolz auf mich sein, aber ich wollte, daß ihr stolz auf mich und nicht auf mein Geld seid.«

Im Grunde fürchten viele Männer, daß man Kontrolle und Macht über sie gewinnt, wenn man weiß, wieviel Geld sie haben, und wenn man erst ihre sexuellen Geheimnisse kennt, dann hat man sie wirklich an den Eiern. Und mit beiden Informationen könnte man ihnen alles wegnehmen, was sie haben, alles, was sie zu denen macht, die sie sind.

Ich hoffe, wir Männer lernen, einander genügend zu vertrauen, damit wir unsere Angst und unsere Unwissenheit und Verletzbarkeit in diesen beiden Bereichen eingestehen können. Wenn wir das nicht tun, werden wir von den Frauen den erforderlichen emotionalen Rückhalt erwarten, um uns diesen Themen nähern zu können, und diese werden (in aller Regel) nicht dazu erzogen, Geld und Sex ebensoviel Wert beizumessen. Viele Frauen erlebten ihre Väter als Garanten der Sicherheit für ihre Mütter und für sich selbst als kleine Mädchen. Sie schenkten ihm ihre Loyalität und gingen ihm ansonsten aus dem Weg. Mit der Zeit wurde ihnen klar, daß ihre Mutter ihrem Vater im Austausch für Sicherheit Sex gab. Wie kann eine Frau, die gelernt hat, ihren Selbstwert danach zu bemessen, daß sie mit einem Mann eine rein sexuelle Beziehung hat, uns hören und verstehen? Und wie können Jungen, die in dem Glauben aufwachsen, der einzige Maßstab für ihren Wert seien die Dollars, die sie zusammenschaufeln, eine Beziehung mit einer Frau eingehen?

Denken Sie nun noch die Scham hinzu, die Frauen empfinden, wenn sie Sex gegen Sicherheit tauschen. Und die Scham der Männer, weil sie nicht wissen, daß Sex und Nähe nicht dasselbe sind. Es ist ein Wunder, daß wir überhaupt Beziehungen zueinander haben.

Ein Mann muß Verständnis bei jemandem suchen, der den Druck, der Alleinernährer der Familie zu sein, kennt und selbst fühlt. Auch wenn Männer mit einer Frau zusammenleben, die selbst einen gleich großen oder sogar größeren Beitrag zu den Familienfinanzen leistet, fürchten sie noch, daß das Geld der einzig wahre Wertmaßstab für ihre Männlichkeit sei.

Und so liegen dann ein Mann und eine Frau sprachlos nebeneinander, nachdem sie schweigend Sex gegen Geld (Sicherheit) getauscht haben. Und der Mann versteht nicht, warum die Frau nicht sieht, wie wichtig der allmächtige Dollar für ihn ist. Und er fragt sich, ob sie je erkennen wird, was ein Dollar wirklich wert ist, wieviel ihn die Jagd danach wirklich kostet, und sie fragt sich, ob er je verstehen wird, wieviel es für sie bedeutet, ihn in ihren Körper einzulassen.

Unser Körper prägt uns ebenso wie der Einfluß unserer Eltern und die kulturelle Umgebung. Die Einstellung vieler Männer zu ihrem Körper als einer Maschine, die dazu da ist, daß sie ihren Kopf von einem Ort zum anderen tragen können, erklärt, warum Männer so leicht dazu neigen, auf Dinge außerhalb ihres Körpers zuzugehen und sie ebenfalls zu ihrem Eigentum zu erklären. Andere Menschen, Geld, Ansehen, Macht werden zum kraftspendenden Treibstoff für den mechanischen Körper des Mannes. Er wandelt diese Dinge in Energie um, um siebzig Stunden in der Woche arbeiten zu können, damit er dann mehr Sachen kaufen kann, die ihn am Funktionieren halten. Sein Körper schmerzt, aber er kann nicht innehalten, weil er denkt, er könnte in Verzug geraten oder eine Stimme in seinem Kopf hören, die ihm sagt, wie faul er doch sei. Er kann mit seinem Körper nicht pfleglich umgehen, weil er nicht weiß, wie man das macht. Sein Vater hat ihm gezeigt, wie er ihn mit Alkohol oder Fernsehen fertigmachen kann, wenn der Schmerz und die Sehnsucht nach Liebe und Berührung unerträglich werden.

Schon der Bau des männlichen Körpers weist auf die Befähigung zu großen Anstrengungen hin. Auf seinen Schultern kann eine Welt ruhen; sein Rücken kann die Last all derer tragen, die von ihm abhängig sind, und noch einiger anderer. Aber seine Brust ist oft eingesunken und eingezogen aus Angst vor dem, was er fühlen könnte, wenn sie offen wäre.

Der Körper einer Frau nimmt die Welt in sich auf. Frauen nehmen Männer in ihren eigenen Körper auf und bewahren ihre Liebe und ihren Samen über Tage, Wochen oder Monate hin in sich. Manche entscheiden sich, ein neues Leben in sich zu bewahren, man könnte meinen, eine halbe Ewigkeit lang. Mit ihren Brüsten locken sie den Säugling zu sich. Sie haben einen kräftigen Rücken und starke Schultern und ertragen oft ebensoviel Druck und Schmerz wie ein x-beliebiger Mann, aber sie verstehen nicht so recht, warum Männer sich immer so sehr an äußeren Maßstäben orientieren.

Unsere Väter tauschten ihren Körper gegen Geld, um zu beweisen, daß sie Männer waren. Unsere Mütter tauschten ihren Körper gegen Sicherheit und Schutz. Sie »sorgten« für unsere Väter, und unsere Väter »sorgten« für sie. Ich habe es fast nie erlebt, daß mein Vater meine Mutter als ebenbürtig behandelte. Ich habe auch fast nie erlebt, daß meine

Mutter meinen Vater so behandelte. Entweder behandelte mein Vater sie wie eine Tochter oder wie seine Mutter, oder meine Mutter behandelte ihn wie einen Sohn oder ihren Vater. Sein Körper war ihr zugewandt, und ihr Körper dem seinen, und doch war für mich in gewisser Weise niemand[2] zu Hause.

Langsam fangen die Männer an zu glauben, daß sie jemand[3] sind und daß sie mit sich und den Menschen, die sie lieben, offener und ehrlicher umgehen können, wenn sie auch nicht jedem[4] alles bedeuten können.

2 No-body, niemand; wörtlich: kein Körper, Anm. d. Übers.
3 Some-body, jemand; wörtlich: ein Körper, Anm. d. Übers.
4 Every-body, jeder; wörtlich: jeder Körper, Anm. d. Übers.

Der verwundete Liebhaber – Die Mauern zwischen Männern und den Frauen, die sie lieben

Er ist da, hinter den Mauern, die er sorgfältig um sich errichtet hat. Die Frauen wissen, daß er da ist. Ihre Augen durchdringen seine Mauern und lassen sie bis zum Grund seiner Seele sehen.

Die Frau sieht ein so großes »Potential« im Mann. Wenn sie ihn nur genügend liebt und versteht, dann, so denkt sie, wird er diese Mauern niederreißen und zu ihr hinaustreten. Bis dahin ist es ihre Aufgabe, ihre Pflicht (wie ihre Mutter ihr beibrachte) zu warten, bis er aufwacht und aus sich herausgeht. Dann kann er ihr all das geben, was ihre Eltern ihr als Kind zu geben vergaßen oder nicht geben konnten. Ein Mann kann zum Lieblings-»Projekt« einer Frau werden.

Ein Mann wird sich dieser Mauern vielleicht deutlich bewußt, wenn seine Geliebte einmal anders ist als üblich, wenn sie ihn einmal mehr braucht als er sie. Er möchte die Hand ausstrecken und ihr helfen, so wie er immer seiner Mutter helfen wollte. Er möchte ihr Halt geben, aber er kann nicht, also schreibt er einen Scheck aus und versucht, ihr Glück zu kaufen. Er bringt seine Liebe wie sein Vater zum Ausdruck, der auch nicht einfach sagen konnte: »Ich liebe dich.«

Wenn eine Frau ihr eigenes Leben opfert, um einem Mann bei der Verwirklichung seines inneren Potentials zu helfen, dann wird sie dafür keine Liebe ernten. Wenn ein Mann zuläßt, daß eine Frau ihn zu ihrem Projekt macht, gibt er mehr Würde auf, als ihm guttut. Und wenn ein Mann die Zuneigung einer Frau mit etwas anderem als seiner Gegenwart und Liebe kauft, dann ist sie ihm deswegen böse. Wenn Sie genau hinhören, können Sie in ihrem Schweigen hören, wie sie Sie anschreit: »Ich hasse dich. Ich liebe dich. Leb' wohl.«

Wenn der Mann nicht als erster die Flucht ergreift – in eine andere Stadt, zu einer anderen Frau oder in die Einsamkeit –, dann verläßt ihn gewöhnlich die Frau. Denn sie kann nicht als Witwe eines potentiellen Geliebten leben, der sich in seiner Verleugnung eingegraben hat und sich vor ihr wie vor den offenen Wunden seiner Kindheit verbirgt.

Wenn die Frau geht, erzittern die Mauern des Mannes, einzelne Ziegelsteine fallen heraus, und es entsteht ein Raum, in dem sein Herz und seine Eingeweide ungeschützt bloßliegen. Alles, was ihn je verletzte, jeder, der ihn je verließ, steht vor ihm auf und verlangt Einlaß, verlangt Fühlen, verlangt Trauer. Wenn ein Mann verwundet ist, werden die meisten psychisch gesunden Frauen sich nicht zu ihm hingezogen fühlen.

Ein verwundeter Mann, der vielleicht auf dem Wege der Heilung ist, ist nicht bereit, sich an eine andere Gefährtin zu binden. Frauen, die sich nicht an einen Mann klammern müssen und wollen, halten sich von ihm fern und hoffen insgeheim, daß es ihm erst schlechter- und dann bessergehen wird. Starke Frauen sind einfach woanders und beten für den sterbenden Mann in der Hoffnung, daß er die Kraft und die Geduld aufbringt, um sich selbst zu heilen.

Ein Mann muß selbst die Mauern einreißen, die er nach jeder Verwundung von der Kindheit bis zum Erwachsenenalter errichtet hat. Er kann in diesem Prozeß Liebe und

Unterstützung annehmen, aber eine Frau, die einen eingemauerten Mann liebt, hat ihre eigenen Probleme zu lösen. Sie wird nur gesund werden, wenn sie ihn gehen läßt und ihre eigenen Probleme so ernst nimmt, daß sie gegen die teuflischen Erinnerungen an ihren Vater, ihre Mutter und all die Männer kämpft, die sie bereits heilen wollte und doch nur noch mehr verkrüppelte, nicht ohne selbst dabei Schaden zu nehmen.
Jeder Mann muß seinerseits der Dunkelheit ins Auge sehen sowie all den Frauen, die er durch seinen Schmerz, seine leidenschaftlichen Gefühle und sein eigenes Heilungspotential, das ihm möglicherweise Angst einflößt, zu Geiseln machte.

Wo Mauern stehen, kann man keine Grenzen ziehen

Er wandert in den Bergen des Santa-Fe-Nationalparks und weiß genau, wer er ist. Er zieht ein Segel ein, während er in die wunderschöne weiße Bucht von Pensacola fährt, und weiß, was er glaubt. Er kommt von einer Geschäftsreise zurück, wirft seine Brieftasche auf den Eßtisch und weiß, wo er lebt.
Setzen Sie eine Frau, eine Geliebte in sein Leben, und wenn seine Lippen auch stumm bleiben, so erzählen Ihnen seine Schultern, seine Augen, daß er verloren ist. Nach jeder Frau, die ihn verläßt oder die er davonjagt, zieht er eine andere Geliebte an Land, um sie kurz darauf wieder zu verlieren.
Seit Jahren wissen Frauen, was es bedeutet, »ihre Macht aufzugeben«, »sich selbst in einem Mann zu verlieren« oder »so zu werden, wie er sie haben will«. Frauen haben in

Frauengruppen, Büchern und miteinander über dieses Problem gesprochen. Sie haben geschildert, wie oft eine Frau nach dem Ende einer Beziehung eine Therapie beginnt oder sich einer Selbsthilfegruppe anschließt und sich mit ihrer Vergangenheit, ihrem Schmerz und ihren alten Mustern auseinandersetzt. Häufig nimmt sie Kontakt zu alten Freunden auf, die sie schon vergessen hatte. Sie macht vielleicht eine neue Ausbildung oder bewirbt sich erneut um jene leitende Position, die sie direkt nach ihrer Heirat aufgegeben hatte. Wie auch immer, nach einigen Monaten sieht sie zunehmend klarer, fühlt sich stark und strahlt die Botschaft aus: »Mir geht es blendend, ich bin mächtig, ich bin glücklich, und ich brauche keinen Mann, um mich ganz zu fühlen.«

Peng – ein Mann sieht sie und fühlt sich zu ihr hingezogen. Drei Monate später hat sie ihre Ausstrahlung verloren, und ihre Persönlichkeit hat sich mit seiner verhakt. Im stillen sagt sie zu sich selbst: »Verdammt, ich wußte einfach nicht, was ich mit all der Gesundheit, Energie und Power anfangen sollte. Wie meine Mutter mir schon sagte: Ich brauche eben einen Mann, der mir hilft, der mich wirklich ganz macht.«

Viele Frauen haben sich dieses verhängnisvolle innere Muster eingestanden. Es ist an der Zeit, daß die Männer es sich ebenfalls eingestehen. Denn auch wir Männer verlieren unser Selbst. Oft verraten wir unser wahres Selbst, selbst in Gegenwart von Frauen, die wir nicht kennen, ganz zu schweigen von denen, die wir lieben. Wenn wir einen Raum betreten, in dem sich fremde Frauen aufhalten, verändern wir uns und sagen und tun Dinge, die wir normalerweise nicht tun würden.

Ein Mann glaubt vielleicht, er sei geheilt. Er möchte wetten, daß ihm nicht mehr viel zum Buddha fehlt, daß man auf

Wasser einfach gehen kann und daß Co-Abhängigkeit nichts weiter ist als ein Etikett, das er sich nur widerstrebend anheftete. Nach sechs Wochen in einer engen Beziehung wird ihm klar, daß er sich eher der Verblödung nähert als seiner Buddha-Vorstellung, daß er sich wie ein Ertrinkender fühlt und vermutlich wieder eine Therapie beginnen und sich einer Selbsterfahrungsgruppe anschließen sollte.

Wenn ich allein bin, stehe ich jeden Morgen auf, trinke eine Tasse Tee, mache erst einen kurzen Spaziergang, dann ein wenig Yoga, nehme ein gutes Frühstück zu einer vernünftigen Zeit zu mir, lese die Zeitung und schreibe danach etwa eine Stunde lang. Bis ... ja, bis ich eine Frau kennenlerne. Dann läuft es manchmal so: Zehn Uhr, noch immer im Bett. Ich brauche heute nicht spazierenzugehen. Ja, ich weiß, es ist schon einige Tage her, daß ich etwas geschrieben habe ... Und so geht es weiter. Am Schluß stelle ich Anrufe und Besuche bei meinen Freunden ein und gebe viele Dinge auf, die ich früher liebte. Mit anderen Worten, ich verliere meinen Alltag, meine gesundheitsstiftenden Rituale, meine Disziplin – mein Selbst. Nicht daß Rituale, Alltagsabläufe und Disziplin mein wahres Selbst ausmachten, aber sie helfen mir, den Kontakt zu meinem inneren Wesen und meinem höheren Potential aufrechtzuerhalten, und sie helfen mir dabei, produktiv und in Einklang mit mir selbst zu bleiben.

Ich will damit nicht sagen, daß Rituale und Disziplin nicht von Zeit zu Zeit anderen Prioritäten Platz machen sollten. Was ich sagen will, ist, daß viele Männer große Anteile ihres Selbst aufgeben, nur um ihrer Partnerin zu gefallen, und die meisten merken nicht einmal – erst viel später, oft zu spät –, daß sie das tun. Durch dieses unbewußte »Aufgeben« werden die Selbstachtung und das Selbstwertgefühl des Mannes erniedrigt. Am Ende nehmen es die Männer den Frauen übel und machen ihnen einen Vorwurf daraus, als ob die Frauen die Männer darum gebeten hätten, sich selbst aufzugeben.

Erst vor kurzem wurde mir klar, daß meine Geliebte sich in erster Linie von meinem ganzen Selbst angezogen fühlte, genauso wie ich mich zu jener machtvollen Frau hingezogen fühlte, die nach der Scheidung oder Trennung so stark und gesund wurde. Vielleicht fühlte sie sich sogar betrogen, als ich meine Macht aufgab, als ob sie mit einem anderen Mann zusammen wäre, einer minderwertigen Version von dem, in den sie sich verliebt hatte.

Immer wenn ich allein lebte, war ich mir selbst nahe und konnte die Außenwelt an mich heranlassen. Ich sah den Sonnenuntergang, ich hörte die Vögel, ich sah den Wolken zu und spürte, wie der Wind mir übers Gesicht strich. Ich erblickte viele Gesichter Gottes, und die Schöpfung verlieh mir Kraft und Energie. Wenn ich mit einer Frau zusammen war, sprang meine Energie zu ihr über, und sie stand ohne eigenes Zutun zwischen mir und den Dingen, die ich eben schilderte, und vor allem zwischen mir und meinem Selbst. Nach der Trennung machte ich die alten Spaziergänge, und die Welt wurde wieder lebendig. Und immer war ich traurig, weil ich durch diese krankhafte wechselseitige Abhängigkeit in einer Beziehung den Kontakt zu meinem Selbst verlor. Nur durch Weggehen konnte ich wieder eine Verbindung zu den Dingen herstellen, die mir etwas bedeuteten und die ich brauchte.

Langsam erst fange ich an zu lernen, wie ich einfach und wahrhaftig sein kann – und wie ich auch in einer Partnerschaft einfach und wahrhaftig und unverändert derselbe sein kann. Mit der Zeit wird es immer leichter.

Die Liebesbeziehung ist nicht die Reise

Dieser Verlust des eigenen Selbst in einer Beziehung – dieses Selbst, das wir nie so recht gefunden haben – gehört zu den Dingen, auf die ein Mann sich nur höchst widerstrebend einläßt. Die meisten Männer fühlen sich zu Beginn einer Beziehung noch frei, ungebunden, wie ein ankerloses Schiff, das reisebereit dahintreibt. Wir blicken in den Spiegel und sehen das Gesicht eines Jägers auf der Suche nach der »Einen«, die uns »ganz« macht, der Einen, die unserem Leben einen Sinn und einen Zweck verleiht. Auch wenn wir es eigentlich besser wissen und nicht glauben, daß ein einziger Mensch unsere Probleme lösen kann, wir wissen einfach nicht, wie wir dieses Loch füllen können, das wir tief in unserem Innern spüren, da, wo eigentlich ein stabiles Gefühl des Selbstbewußtseins sitzen sollte.

Der Aufbruch in eine Beziehung erregt und belebt uns. Die meisten Männer wissen, daß das Herumreisen mehr Spaß macht als das Ankommen. Erinnern Sie sich an jene Ausflüge quer durchs Land, bei denen die Fahrt manchmal länger dauerte als der Aufenthalt am Bestimmungsort? Die Bewegung war wunderbar, wenn wir aber zu lange dort blieben, verwandelten wir uns widerstrebend in einen seßhaften Einwohner, der sich gezwungenermaßen niederließ und Haushälter oder Geschäftsmann, Farmer, Freund oder vielleicht auch Ehemann wurde.

Viele Männer fanden in diesem Umherstreifen auf der Suche nach einer Liebesbeziehung, im Wein, in den eleganten Dinners, den Unterhaltungen und den sexuellen Ausschweifungen bis zum Morgengrauen zeitweise Erfüllung, sie gaben ihrem hungrigen Herzen Nahrung. Liebesgeschichten und die damit verbundene Dramatik und Gefühlsintensität betäuben und berauschen uns gleichzeitig. Sie lassen uns vergessen, daß unsere Geliebte die Leere in uns nicht ausfüllen kann. Doch in der Anfangsphase einer Liebesbeziehung vergessen wir beinahe alles, was wir wissen, und fast alles, was wir bei unserer letzten Geliebten gelernt haben.

Wenn die romantische Musik verklingt und die Unterhaltung sich Themen wie Familie, Geld oder der Häufigkeit von Sex zuwendet, dann geht der verwundete Mann weg. Er geht nicht etwa physisch weg, zumindest nicht als erstes, sondern er entzieht sich auf subtilere Weise – er hört nicht mehr zu oder flüchtet sich in die Phantasie, zu Fernsehen, Alkohol oder Arbeit. Er geht weg, weil seine wahre Reise die Suche nach seiner eigenen »tiefen Männlichkeit« ist, obschon die meisten das in diesem Augenblick gar nicht wissen. Aber tief in seinem Innern weiß er irgendwie, daß etwas ihn von seiner Suche nach sich selbst abgebracht hat.

Wenn ein Mann seiner Geliebten den Laufpaß gibt oder sie verläßt, fühlt er sich wieder frei, dem nachzujagen, was ihm so lange entgangen ist. Paradoxerweise fühlt er sich aber auch entseelt und ratlos, sobald sie weg und er in Sicherheit ist. In diesem Augenblick kann es sogar geschehen, daß er ebendie Frau, die er gerade noch von sich stieß, bittet, zurückzukommen. Wenn sie das tut, ist er für eine Weile zufrieden, aber dann beginnt er sich erneut zu entziehen, um die nächste Etappe seiner Reise zu seiner eigenen Seele in Angriff zu nehmen.

Eine Menge Frauen versuchen, Männern ohne Seele eine Seelengefährtin zu sein. Diese Frauen sind dann verwirrt und verärgert, wenn sie wie Ersatzteile für das fehlende Herz eines Mannes behandelt werden. Die Männer tendieren dazu, Frauen, die Bindungen fordern und gemeinsam mit ihnen die Reise zur Ganzheit unternehmen wollen, zu verlassen oder vor ihnen davonzulaufen. Aber noch immer binden Frauen sich an Männer, die die Jagd selbst dem Ziel – der Nähe – vorziehen.

Frauen entscheiden sich für Männer mit fiktiven Persönlichkeiten. In Woody Allens Film *The Purple Rose of Cairo* ist Cecilia mit einem verwundeten Mann verheiratet. Um mit ihrer Einsamkeit und der fehlenden Nähe fertig zu werden, füllt sie unter anderem so viele dieser leeren Stunden wie nur möglich mit Kinobesuchen aus. Besonders gern geht sie in romantische Filme, in denen der Mann die Frau seines Herzens findet und die Frau alle Liebe, die die Frauen sich auf der ganzen Welt wünschen. An einem einsamen Nachmittag, als ihr Mann mit den Kindern beim Spielen ist, tritt der Held der Sonntagsnachmittagsvorstellung von der Leinwand herab in das Kino, in dem sie sitzt. Sie verliebt sich in ihn und sagt: »Er ist die Art von Mann, von dem ein Mädchen immer träumt. Er ist eine Fiktion. Aber schließlich ist nichts vollkommen.«

Lange Zeit haben Männer ein fiktives Leben geführt. Manche wollen es dem großen Gatsby nachtun, manche ahmen einen Hemingway-Helden nach. Andere bemühen sich, so cool, unbeteiligt und gefühllos zu sein wie viele der Figuren, die Clint Eastwood spielte. Die Fiktion bietet uns vielerlei Rollenmodelle für unsere Männlichkeit. Die Frauen kaufen unsere fiktiven Persönlichkeiten wie Groschenromane. Das Cover sieht großartig aus und hat eine Menge Sexappeal, aber dem Inhalt fehlt es an Substanz.

Und doch kaufen die Frauen immer wieder diese Zeilen und Geschichten und wundern sich, warum sie immer dasselbe unglückliche, vorhersehbare Ende nehmen. Sie wollen wirklich daran glauben, daß der nächste Darsteller, in den sie sich verlieben, echt sein wird.

Die meisten Männer sind sich bis zum zweiten Akt nicht einmal darüber im klaren, daß sie ein »Pseudoleben« führen – bis zur Scheidung oder Trennung. Dann entdecken sie, manche zu ihrem Bedauern, daß ihre Rolle nicht ganz ausgestaltet ist. Sie wünschten, sie könnten die Szenen neu schreiben, die so viele gebrochene Herzen hinterließen, aber sie wissen nicht, wie.

Doch viele Männer bemühen sich wirklich, »echt« zu werden, Phantasie und Tatsachen voneinander zu scheiden, sich selbst von ihren Vätern und Müttern abzugrenzen und Wahrheit und Fiktion zu unterscheiden. Sie versuchen lieber, sich in einer Beziehung hervorzutun, als drei oder vier Monate lang eine große Show abzuziehen.

Die Frauen müssen aufhören, sich nach Pappmachéhelden zu sehnen, sie müssen ihrer eigenen Verletztheit in die Augen sehen und von ihren Liebhabern Echtheit, Einfühlungsvermögen und wechselseitiges Geben und Nehmen verlangen, und dabei wird die Fähigkeit der Männer zu Nähe und Freude wachsen. Eine Frau, die wirklich an sich gearbeitet hat, wird mit der Zeit nur noch wahrhafte »menschliche« Bemühungen ihres Partners akzeptieren. Solange die Frauen verwundete Männer brauchen, um sie durch Mütterlichkeit wieder aufzupäppeln, werden sie sich zu Männern hingezogen fühlen, die nicht wissen, daß sie da, wo ihr Herz sein sollte, ein Loch in der Brust haben, und die sich weigern, auch nur versuchsweise den Unterschied zwischen einem Gefühl und einem Hammer zu erkunden. Wie Cecilia werden sich diese Frauen mit einem Leinwandliebhaber begnügen und ihre unbefriedigten Bedürfnisse schicksalsergeben hinnehmen.

Eine Frau sollte zwar nicht darauf warten müssen, daß ihr Partner sich in eigener Verantwortung mit seinem Schmerz auseinandersetzt, sie sollte aber Geduld für die aufbringen, die damit begonnen haben. Sie muß wissen, daß wir viel Zeit brauchen, um unsere Wunden zu heilen, noch mehr Zeit, um Gefühle zuzulassen, und daß wir uns ein wenig unschlüssig und unsicher gegenüber dieser neuen Männlichkeit und den Reaktionen der Frauen darauf verhalten. Wir werden uns anfangs unbehaglich fühlen mit dieser neugewonnenen Freiheit, wir selbst zu sein und um unserer selbst willen geliebt zu werden und nicht für das, was wir tun oder was aus uns wird. Es ist schwierig, sein Innerstes zu öffnen, wenn es so lange Zeit versiegelt war. Wenn ein Mann das versucht, bleiben Sie bei ihm, unterstützen Sie ihn, aber versuchen Sie nicht, ihm die Arbeit abzunehmen, sonst wird er Sie verlassen. Denn das wäre eine Bemutterung, und jeder Mann muß seine Mutter verlassen, um erwachsen zu werden. Manchmal kann und wird er bei Ihnen das tun und fühlen, was er zu tun hat, ein anderes Mal muß er dazu allein sein oder mit anderen Männern zusammenkommen. Vielleicht hilft es Ihnen auch, wenn Sie wissen, daß wir unsere Heilung vorantreiben wollen und daß die meisten von uns nicht sehr geduldig mit sich oder mit sonst jemandem umgehen. Wir wollen die Fehler der Vergangenheit wiedergutmachen. Wir müssen uns die Zeit nehmen, um nach Befriedigung unserer Bedürfnisse zu verlangen. Aber wir werden all das auch tun, sobald wir uns sicher genug dazu fühlen und ein wenig Übung darin haben. Wir wollen es ernsthaft versuchen.

Die Angst verwundeter Männer vor tiefgehenden Bindungen und Nähe entspringt der Angst, sie könnten unter Druck gesetzt und erstickt, verlassen oder aufgesaugt werden. Wenn ein Mann lernt, seine frühen Ängste und Sehnsüchte von der Verletzbarkeit zu trennen, die er in einer

Beziehung empfindet, dann kann er den Heilungsprozeß innerhalb einer Liebesbeziehung durchlaufen. Wenn er sich aber, solange er eine Beziehung hat, ein Hintertürchen offenhält oder wie gebannt auf die Vordertür starrt, um zu sehen, wer sonst noch hereinkommen könnte, wird er seinen Ängsten nie ins Auge sehen.

Ein Grund, warum Männer sich davor fürchten, die Jagd aufzugeben und eine feste Bindung einzugehen, ist die Angst, sie könnten enden wie ihre Väter – von ihren Frauen, Eltern oder Vorgesetzten gehetzt, eingekreist und verängstigt. Ein Mann, »der in seinem eigenen Haus bleibt, verweilt dort im Innern von Tellern und Gläsern ...« (Rilke). Wenn ein Sohn sich nicht mit den Zweifeln an seiner Männlichkeit, den Enttäuschungen über seinen Vater, der Unfähigkeit seines Vaters auseinandersetzt, dann läuft er Gefahr, abgestorben, haßerfüllt und leer zu werden. Er wird vielleicht vor seiner Leere fliehen, seine Ängste in Alkohol oder im Spiel ertränken und die Qual in seinen Eingeweiden zum Schweigen zu bringen versuchen oder sich mit Arbeit und Koks betäuben, um zu vergessen, daß er die Seelenarbeit nicht getan hat, die schon sein Vater hätte tun sollen. Wenn wir den Vater in uns erkennen und herauslassen, können wir die Mauern zwischen unserem inneren Selbst und unseren Geliebten und anderen Männern zu Fall bringen.

Mauern, Kriege, Cowboys und Krieger

In unserer Kindheit in einem Vorort, in der Stadt oder auf dem Land führten wir im Spiel Krieg in den Dschungeln der Philippinen und in Korea. Wir verwandelten Stöcke in Ma-

schinenpistolen, Steine in Granaten und uns selbst in zukünftige Soldaten.
Wir ritten auf Hengsten durch die Wüsten Arizonas und kämpften am Alamo neben Davy Crockett und Jim Bowie. Wir starben nur, wenn wir nicht die »Guten« waren. An diesen schrecklichen Nachmittagen in den Höfen und Grünanlagen verwandelte uns das Los in »Japsen«, »Kommunistenschweine«, »Rothäute« oder »Mexikaner«, und wir konnten noch von Glück reden, wenn wir keine »Nazis« geworden waren.
Bei Regen wurde der Krieg im Haus geführt. Zinnsoldaten und Indianer mußten sich aneinander messen. Wir dämpften unser Siegesgebrüll und die qualvollen Schreie der Niederlage, um nicht die schlafenden Zivilisten zu stören, während wir das Land für Frauen, Kinder und Demokratie sicher machten. Wenn wir keine Waffenbrüder zum Spielen hatten, weil es zu kalt war oder weil wir den Abfalleimer nicht ausgeleert hatten, drehten wir den Fernseher an und ließen Audie Murphy oder John Wayne stellvertretend für uns in den Kampf ziehen.
Vom Tag unserer Geburt an hat die Gesellschaft uns psychologisch darauf vorbereitet, in den Krieg zu ziehen, zu töten oder getötet zu werden. Wir haben gelernt, unseren Ärger und unsere Wut solange zu schlucken, bis wir sie an einer anderen Rasse in einem anderen Land auslassen können.
Wissen Sie, wieviel Wut in einem Jungen stecken muß, damit er einen anderen Mann oder eine Frau oder ein Kind töten kann? Wieviel Angst muß in einem Mann angehäuft werden, damit er allein in einen fremden Dschungel zieht und dann über Leben und Tod anderer Menschen entscheidet? Verstehen Sie, welchen Panzer ein Junge um sich haben muß, um Spiele zu spielen, in denen Menschen anderer Hautfar-

be erwürgt, enthauptet, verstümmelt und verflucht werden, nur weil sie auf demselben Planeten leben wie er?
Die meisten Jungen sind gefühllos geworden, lange bevor sie sich zu Frauen hingezogen fühlen. Sie wachsen in einer Kultur auf, die den Archetyp des Kriegers mehr glorifiziert, als gut ist. Vielleicht sind Kriege manchmal unumgänglich, aber ein Krieger, der nicht über die Zerstörung, die er über sich und andere bringt, weinen und trauern kann, sollte kein Modell für kleine Jungen sein.
Doch wir waren fast alle zum Kämpfen bereit. Lange bevor die Militärausbildung in greifbare Nähe rückte, waren wir abgehärtet und hatten Mauern um uns errichtet. Und wenn wir dann, wahrscheinlich mit dem Eintritt ins Mannesalter, tatsächlich zum Militär gingen, lernten wir, unseren »Feind« zu hassen. Wenn wir es nicht taten, haßten wir unseren Ausbildungsfeldwebel so sehr, daß wir unsere Wut auf den Feind übertragen mußten, damit die Grundausbildung funktionierte.
Eine Geliebte holt uns ein, während wir nach einem Tag der Kämpfe gegen »Rothäute« oder »Gesetzlose« in den Sonnenuntergang hineinreiten, und sagt zu uns: »Warte, ich möchte mit dir kommen. Ich möchte, daß du irgendwo bleibst, oder laß mich wenigstens mit dir in den Sonnenuntergang reiten. Du mußt nicht allein ziehen.« Und wir sagen: »Sorry, Madam, ich würde ja gerne bleiben, aber die Wildnis muß bezähmt, die Indianer bekämpft, die Bösen müssen hinter Gitter gebracht werden. Vielleicht komme ich irgendwann wieder hier vorbei.« Die Musik schwillt an, und der Held tippt an den Hutrand und reitet von dannen, unfähig zu irgendeinem Gefühl.
Die Frauen verstehen nicht, warum Männer sich nicht öffnen, sie einlassen, Gefühle zeigen und die ihren nachemp-

finden können. Das liegt daran, daß wir noch immer nach dem Krieg, auf den wir vorbereitet und programmiert wurden, Ausschau halten und ihn nicht finden können. Mit intakter Panzerung und Maschinengewehren, Granaten und Pistolen in der Brieftasche und in unserer Seele verlegen wir den Krieg dann in firmeninterne Auseinandersetzungen, in Fußballstadien oder in den Konkurrenzkampf mit unseren Nachbarn.
Doch am meisten führen wir in unserem Innern Krieg, wo die Plastiksoldaten nie schlafen, John Wayne niemals stirbt und Geronimo[5] noch immer frei herumläuft. Dort sind Frauen und Kinder dazu bestimmt, beschützt zu werden, ob es ihnen gefällt oder nicht; und dort staut sich die Wut so lange auf, bis es zum Kampf kommt oder bis sie Arterien platzen läßt und Herzen und Ehen zerbricht.
Wenn ein Mann, der zum Töten erzogen und auf Krieg programmiert wurde, ein Kind oder eine Frau in den Armen hält, wird er es oder sie ansehen und sich sehr, sehr weit weg fühlen.

Die Mauern der Nettigkeit

Sie lächeln viel. Sie übernehmen für alles die Verantwortung. Sie tun alles, um Ihre Bedürfnisse zu erraten. Sie sagen fast nie nein. Man nennt sie »nette Typen«. Als echte Gentlemen leben sie sehr oft in einem »netten« Zuhause, fahren »nette« Autos, haben »nette« Frauen und Kinder. Die meisten wurden von »netten« Eltern erzogen, die ihnen bei-

5 Geronimo: berühmter Indianerheld (Anm. d. Übers.)

brachten, in jeder Situation nett zu bleiben. Diese netten Männer sind der Überzeugung, daß sie allein, ohne Zutun von außen, für all die gestörten Verhaltensmuster in ihrem Leben verantwortlich sind.

Solche Männer haben sehr häufig Angst, sich genauer mit ihrer Familie und ihren frühkindlichen Erfahrungen zu befassen. Und wenn ich sie frage, wie sie unfähig wurden, Gefühle zu zeigen, sagen sie gewöhnlich: »Ich weiß nicht, ich glaube, ich war schon immer so.«

»Sie haben nicht gewußt, wie man als Baby Traurigkeit und Wut ausdrückt?« frage ich sie.

»Na ja, als Baby konnte ich das natürlich. Alle Babys können schreien und weinen und zornig werden, aber eines Tages konnte ich es nicht mehr. Ich wurde einfach stumm.«

Und gleich danach wurden sie nett. Sie lachen sogar, wenn sie sauer sind, und später überlegen sie sich, wie sie es einem auf subtile Art heimzahlen können. Sie sagen »ja«, wenn sie in Wahrheit meinen: »Nein, verdammt noch mal.« Sie gehen irgendwohin, wo sie nicht hinwollen, und geben sich den Anschein, es dort nett zu finden. Sie erfüllen Lehrer, Prediger, Großeltern, Onkel und Tanten und allen voran Eltern mit großem Stolz. Sie werden für ihre Nettigkeit gelobt, und sie kommen nur selten ins Gerede oder werden in den Schmutz gezogen. In ihren Augen ist jedermann entweder »nett« oder »schrecklich«. Sie haben nie gelernt, daß es irgendwo dazwischen einen Mittelbereich gibt, in dem man standhaft sein soll und in dem man Positionen beziehen, Grenzen ziehen und Orte schaffen muß, zu denen niemand unbefugt eindringen kann. Irgendwie hat man ihnen beigebracht, daß nur ein Scheißkerl zu einer Frau oder Geliebten nein sagen würde. Nur Scheißkerle werden sauer und ziehen Grenzen, fordern, was sie brau-

chen, und sagen anderen, was sie fühlen. Nur herzlose Männer sagen »genug«, »halt« oder »es reicht«.
Menschen, die nicht nett sein müssen, sagen all das, wenn es angemessen ist. Sie setzen sich mit ihrer Familiengeschichte auseinander und erkennen, daß jemand – ein Vater, eine Mutter, ein Onkel oder ein großer Bruder – ihnen beibrachte, ihre Gefühle in sich hineinzufressen. Dann spüren sie die Wut und trauern über ihre Kindheit und lassen sich auf einen Heilungsprozeß ein, anstatt weiter zu verleugnen und sich selbst vorzuwerfen, was andere ihnen eingeimpft haben.
Die »netten Typen« werden die Letzten sein, denn niemand will lange mit ihnen zu tun haben. Am Ende bewahrheitet sich ihre schlimmste Phantasie, sie werden verlassen, nicht beachtet, nicht geliebt. Wahre Nähe ist aus dem Königreich der Netten verbannt.
Dutzende von Frauen haben mir erzählt, wie »nett« ihre Ehemänner oder Geliebten doch seien, aber daß sie einfach nicht wütend werden könnten. Diese Männer ertragen es auch nicht, daß andere wütend werden. Häufig lassen sie sich von ihren Partnerinnen unterbuttern, weil sie Angst vor dem Verlassenwerden haben. Sie versuchen mehr, ihre Beziehungspartner an sich zu binden, als ihre Gefühle zu vertiefen und die Menschen, die sie lieben, in ihren Gefühlen zu bestärken. Sie hoffen, daß der andere so nett ist, wie sie selbst es zu sein versuchen.
Dieselben netten Männer ziehen am Ende oft einen Fahrer aus seinem Auto und prügeln ihm das Hirn aus dem Kopf, weil er ihnen die Vorfahrt genommen oder nicht den Blinker gesetzt hat. Dieselben netten Männer, die zu Friedenszeiten ihre Wut so lange in sich hineingefressen haben, lassen ihrer Raserei im Krieg freien Lauf.

Ich wurde zu einem dieser netten Männer erzogen. Nie schrie ich oder verzog das Gesicht oder sagte irgend jemandem, wie ich mich wirklich fühlte. Die Wahrheit ist, daß ich wütend, verletzt, einsam, ängstlich und voller Fragen war, und all diese Teile meines Selbst habe ich versteckt.
Ich tat das, damit die Leute dachten, ich sei ein netter Junge, der aus einer netten Familie käme, in eine nette Kirche ginge und in einem netten Haus lebe. Erst als ich aufhörte, immer »nett« sein zu wollen, konnte ich aufhören, mich passiv-aggressiv, beleidigend, kalt, gleichgültig und von Vorurteilen geleitet zu verhalten.
Nun weiß ich, daß Menschen mich lieben, weil ich dazu fähig bin, wirklich nett zu sein, wenn mir nett zumute ist, und Zorn und Angst zu zeigen, wenn es am Platze ist. Ich bin nicht »nett«. Ich bin ein Mann – ein menschliches Wesen, das nett sein kann ebenso wie kalt und unbeteiligt, gewöhnlich aber einfach irgendwo dazwischen ist.
Der wahre Krieg, den wir führen müssen, spielt sich in unseren Seelen ab. Um diesen Krieg zu gewinnen, müssen wir aufhören, nett zu sein. Wir müssen unseren Liebesgeschichten etwas Zeit wegnehmen und mit anderen Männern durch die Wälder wandern, die auch willens sind, gegen ihre Väter und Dämonen anzukämpfen, und sich ihre Energie, ihre Macht wieder zurückerobern und ihre verwundete Männlichkeit heilen wollen.

Teil II

Die Reise

Ein Treffen in den Wäldern – Die Wunde freilegen

»Die Wälder sind lieblich, dunkel und tief,
aber ich bin an ein Versprechen gebunden
und muß noch Meilen gehen, bevor ich schlafen kann.«

Robert Frost

Seit mehr als dreißig Tagen ist es nun schon wolkig und regnerisch in Austin. Von überall her aus dem Land kommen Männer im Männerzentrum an, um sich hier zu treffen und in die Wälder zu ziehen, wo sie im Freien schlafen und zu den Sternen hinaufblicken werden und unter den Vorzeichen des Himmels in mondlosen Nächten ihre Wunden freilegen und ihretwegen trauern werden. Die Männer kommen allein oder zu zweit oder dritt aus Michigan, Georgia, New Mexico, Kalifornien, Florida und Ohio. Einer kommt sogar aus meinem eigenen Heimatstaat Alabama, auch wenn er jetzt in Kalifornien lebt.

Die Männer, die aus ihren Autos hervorquellen, herausspringen oder sich widerstrebend herauswinden, sind so unterschiedlich wie ihre Fahrzeuge. Tony, ein Banker aus New York, sieht aus, als hätte er in einer Bananenrepublik einen Zwischenstop eingelegt, bevor er sich auf den Weg nach Texas machte. Richard trägt einen Bart, bei dessen Anblick jeder Ex-Hippie vor Neid erblassen würde, obwohl er noch nie in seinem Leben einen Joint geraucht hat. Roger ist bereits Ende Fünfzig, dabei würde man ihn keinen Tag älter als fünfunddreißig schätzen, wären nicht seine vielen grauen Barthaare. Er verdient seinen Lebensunterhalt als Leiter der Buchführungsabteilung für eine Werbeagentur in Dallas. Und Bob trägt ausgefallene, bunte Kleidungsstükke, die er selbst entworfen hat und auf Kunst- und Handarbeitsmessen überall im Land verkauft. Obwohl diese Männer die verschiedensten Lebenswege hinter sich haben, treffen sie hier auf viele andere mit dem gleichen Hintergrund, den gleichen Interessen, Launen und Wunden.

Trotz des Wetters durchziehen Energie und Begeisterung das Männerzentrum. Doch ich kann auch den Schmerz und die Leere fühlen, die so viele Männer in sich tragen. Ich bin sicher, eine Menge von ihnen hofft, ihr Gefühl der Vereinsamung in den Wäldern hinter sich zu lassen, ihre Wut auf den Trommeln, die wir mitnehmen, aus sich heraus zu schlagen und irgendwie die Muster und Rollen verstehen zu lernen, die es ihnen so lange unmöglich machten, sich ganz zu fühlen. Wenn es auch unwahrscheinlich ist, daß sie das alles an einem Wochenende schaffen werden, so kommen doch viele allen drei Zielen ein ganzes Stück näher.

Was ich an den Männern, die an solchen Männertreffen und Selbsterfahrungsgruppen teilnehmen, am auffälligsten finde, ist die merkwürdige und paradoxe Kombination aus Angst und Mut. Ich kann sie auch heute an den ankommenden Männern erkennen. Ihre Angst rührt aus ihrer uralten Unfähigkeit, anderen Männern zu vertrauen. Wie ich bereits ausgeführt habe, wenn man bei einem Vater aufwächst, auf den kein Verlaß ist, der nie für einen da ist und der einen mit Vernachlässigung, Krittelei, Beschimpfungen, Prügeln, Schlägen oder Lügen mißhandelt, wird es sogar schwierig, Vertrauen zu den Männern zu entwickeln, die man schon

sein Leben lang kennt. Weit schwieriger noch ist es, einer Gruppe von mehr als hundert Männern zu vertrauen, die man noch nie zuvor gesehen hat. Fast alle einhundertdreißig Männer, die an diesem Wochenende teilnehmen, werden eine Vaterwunde mitbringen, die sie wahrscheinlich jahrelang vor sich selbst versteckt haben, obwohl Männer mit empfindsamen Augen und Ohren sie bereits nach wenigen Minuten in ihrer Gesellschaft entdecken können.
Viele von ihnen leiden auch an einer allgemeinen Angst vor dem Unbekannten, vor den Gefühlen, die in ihnen aufsteigen könnten, vor ihren Erinnerungen und ihrer Vergangenheit. Für die meisten ist es das erste Männertreffen. Nichtsdestoweniger müssen wir alle, die in krank machenden, rigiden, erstickenden Familien groß geworden sind, so tun, als ob wir das alles schon einmal gemacht hätten, als ob wir immer wüßten, was wir täten. Die meisten Männer sind in der Vorstellung aufgewachsen, es sei ein Verbrechen oder eine Sünde, wenn man nicht immer die Verantwortung trägt und Herr der Lage ist. Unsere Väter lehrten uns, daß es ein Zeichen von Schwäche sei, etwas »nicht zu wissen«. Wenn wir uns unterwegs irgendwo verirrten oder nicht weiter wußten, wären wir lieber gestorben, als das zuzugeben. Es gab eine Zeit, in der ich stundenlang herumfuhr, bevor ich in eine Tankstelle einbog und nach dem Weg fragte. Ich mußte so tun, als wüßte ich, wo ich sei, selbst wenn ich noch nie zuvor dort gewesen war. Wir haben es geschafft, durch unser Aussehen und Auftreten zu suggerieren, daß wir immer wissen, was wir tun.
Ihr Leben lang haben die Männer zu hören bekommen, sie seien krank, wenn nicht sogar der Abschaum der Menschheit. Ich hörte einmal den Witz, jemand wolle ein Buch schreiben mit dem Titel: *Die Göttin in jeder Frau: der Abschaum*

in jedem Mann. Viele Männer werden mit dem Gefühl groß, daß es etwas Widerwärtiges ist, ein Mann zu sein, daß Männer der letzte Dreck sind.

Manche Mütter haben unsere Selbstachtung als Männer mit Sprüchen wie: »Männer! Du kannst dich auf keinen einzigen verlassen!« oder »Männer taugen zu nichts« untergraben. Andere Männer erlebten, wie ihre Mutter ihren Vater mit Beschimpfungen traktierte. Die gesamte Zivilisation macht die Männer – ungeachtet ihres Sexismus und ihrer patriarchalischen Grundhaltung – für die Umweltverschmutzung, für Kriege und ihre Auswirkungen verantwortlich. Selbst heute noch werden Männer im Fernsehen als tolpatschige Volltrottel dargestellt, die nicht einmal ihre Schnürsenkel zubinden können.

Viele Männer sahen, wie ihre Väter so viele schreckliche Dinge taten, so geringschätzig über andere Männer sprachen, andere Länder, Tiere oder Kinder angriffen, daß sie aus erster Hand lernten, wie brutal, lieblos und gefühllos erwachsene Männer sind.

Die Männer, die an Männergruppen und -treffen teilnehmen, haben sich entschieden, nicht mehr länger mit solchen Bildern zu leben. Sie sind auf der Suche nach einem neuen Bild von Männlichkeit und einer neuen Bedeutung des Wortes »Mann«. Sie sind bereit, ihre alte Haut abzuwerfen. Wenn sie in Austin ankommen, glauben sie, ihr Kopf, ihr Körper und Geist seien so krank, daß ihnen nichts anderes übrigbleibe, als sich ihren Dämonen zu stellen. In Wirklichkeit jedoch war es ihr Mut, der sie dorthin führte. Die wirklich »kranken« Männer haben ihre Probleme noch immer nicht erkannt und kommen zu keiner Männergruppe, keinem Männerzentrum oder keinem Männertreffen, sie lesen auch keine Bücher über die Wunden von Männern.

Jene Männer projizieren höchstwahrscheinlich noch immer ihre Probleme auf Frauen, Kinder, andere Männer und andere Völker. Die Männer, die kommen, um Heilung zu suchen, sind bei weitem die gesündesten Männer auf der Welt. Sie erkennen, daß sie Hilfe und Heilung brauchen. Sie sind stark genug, um ihre Verletzung zugeben zu können und zu sagen: »Ich habe Angst, aber ich bin hier. Ich werde mein Inneres zeigen und meinem Schmerz ins Gesicht sehen.« Und nach wenigen Stunden in Gesellschaft anderer Männer, die ihnen beistehen, werden sie Ängste enthüllen, die manche von ihnen noch nie in ihrem Leben offenbarten.

Als die Busladungen voller Männer zur Ranch hinauffahren, zweieinhalb Stunden von Austin entfernt, zeigt sich zum ersten Mal seit Wochen die Sonne. Das Wochenende hat begonnen.

Die Wiedereroberung des Körpers

In der ersten Nacht versammeln sich die Männer rund ums offene Feuer. Sie lehnen sich nach vorn, wenn jemand über seine Unfähigkeit spricht, die Frauen zu lieben, die er lieben wollte und die ihn liebten. Tom sagt mit gebrochener Stimme: »Ich weiß nicht, warum ich hier bin, außer daß in meinem Leben alles schiefläuft. Ich behandle meine Kinder so, wie mein Vater mich behandelt hat, und ich stehe vor der zweiten Scheidung.« Frank tritt in den Feuerschein und sieht in die Gesichter der Männer. »Ich muß irgendwie einen Draht zu euch allen bekommen. Ich muß wissen, daß ich nicht verrückt bin, weil ich mir wünsche, daß Freunde, Männer, Anteil nehmen an all dem Leid, das ich seit dreißig

Jahren mit mir herumschleppe.« Burt steht auf. »Mein Vater kommt nächsten Monat ins Altersheim. Wenn ich mich hier nicht durchbeiße, wird er sterben, ohne meine wirklichen Gefühle zu kennen. Verdammt, ich werde sterben, wenn ich sie nicht herausfinde.« Miguel steht auf und sagt: »Meine Frau sagte, ich solle herkommen.« Fred lacht und sagt: »Mein Therapeut meinte, ich solle kommen.«

Nachdem ich mit Hunderten von Männern gearbeitet und Hunderte von Briefen von Männern erhalten habe, die meine Bücher *The Flying Boy* und *I Don't Want to Be Alone* gelesen haben, ist mir klargeworden, daß all diese Männer lieben wollen, es aber nicht können oder nicht wissen, wie man liebt. Wenn eine Frau Einlaß in ihre Herzen sucht, finden sie die Tür nicht. Viele Männer suchen angestrengt nach der Tür, viele werden frustriert und geben ihre Bemühungen auf, und einige gehen zur Arbeit und versuchen, genug Geld zu verdienen, das sie der Frau als sogenannte Liebe aushändigen können. Manche Männer verkriechen sich mit einer Flasche oder einem Joint und gehen an der schmerzlichen Unfähigkeit zugrunde, ihr oder sich selbst gegenüber ihre Gefühle auszudrücken.

Es ist nicht etwa so, daß wir nicht ebensoviel Liebe ersehnen und brauchen wie Frauen oder daß wir absichtlich Liebe zurückweisen oder die Liebe, die uns aus freiem Herzen geschenkt wird, nicht fühlen. Wir können die Liebe, besonders Liebe von Frauen, nicht aufnehmen, weil wir in unserem Körper nicht zu Hause sind.

Manche Männer fangen langsam an, zu begreifen und zu fühlen, daß ihre einzige Art zu lieben darin besteht, jemandem zu Hause ein Geschenk zu überreichen. Die meisten Männer brauchen viele Stunden in einer Einzel- oder einer Gruppentherapie und eine Menge Unterstützung, bis sie langsam an die Gefühle herankommen, die im Körper sitzen. Die meisten wissen gar nicht oder erinnern sich nicht daran, daß sie einen Körper haben. Sie wachsen in ihren Köpfen auf, nachdem sie sich von ihrem Körper, ihren Wunden, ihrer Trauer abgewandt haben. Traurigkeit, Trauer, Sehnsucht, Freude, Wut und Enttäuschung sind nicht einfach intellektuelle Konstrukte, sondern echte Gefühle, die im Magen, im Rücken und in der Brust entstehen. Wenn Männer ihren Körper nicht spüren können, weil er gefühllos geworden ist, und wenn sie ihn immer weiter mit allen möglichen Süchten betäuben, bleiben ihre Wunden unter dem Gewebe und den Knochen begraben, die in ihrer Kindheit mißachtet oder geschlagen wurden. Die Trauer, die in jeder Schulter, im Magen, im Kiefer, im Rücken, im Gesäß, in Armen, Beinen und Händen und im Herzen sitzt, kann nicht frei werden. Solange sie ihren Körper nicht in den Heilungsprozeß mit einbeziehen, bleiben sie »Quatschköpfe«, die zur Selbstzerstörung tendieren. Wenn ich einen Mann zum Beispiel nach seinem Vater frage, entsteht eine lange Pause. Neun von zehn Männern legen dann den Kopf zur Seite, blicken nach oben und antworten: »Ich glaube, mein Vater hat sein Bestes gegeben. Er hat hart gearbeitet und gut für uns gesorgt ...« Und so weiter.

»Aber was *fühlen* Sie Ihrem Vater gegenüber?«

»Das habe ich Ihnen doch eben gesagt«, geben sie ungeduldig zurück.

Dann erinnere ich sie sanft daran, daß sie mir sagten, was sie *dachten*, nicht was sie *fühlten*.

Den Körper zurückzuerobern ist eines der Hauptanliegen der Männerbewegung. Nur dadurch können wir ganz in unsere Wunden hineingehen und anschließend weniger verletzt wieder in die Welt hinaustreten. Viele Männer – und

Frauen – wissen möglicherweise nicht, wie sie ihren Körper wieder zurückbekommen können. Es gibt mehrere Möglichkeiten der Körpererfahrung, durch Bewegung etwa – Tanz, Trommeln, Stoßen, Ziehen, auf ein Kissen einschlagen, mit einem Ast auf die Erde dreschen – oder durch Töne – Schreien, Weinen, Rufen, Aussprechen, Singen.
Viele Männer haben schon geschrieen oder gestoßen, ja sogar eine Trommel geschlagen, aber sie haben das getan, ohne sich auf ihren Zorn, ihre Wut, Trauer und Schuld zu konzentrieren. Wenn diese Bewegungen nicht bewußt zur Befreiung des Körpers von unterdrückten Gefühlen eingesetzt werden, dann haben sie kaum Heilungswert. Ein Mann kann zum Beispiel Tennis nur aus Spaß spielen, oder er kann spielen, um seiner Wut Luft zu machen. Wenn er wütend ist, dieses Gefühl aber nicht zulassen kann, dient das Spiel nur sportlicher Übung. Wenn er jedoch sich und seinem Partner sagt, daß er voller Gefühle steckt, die herausmüssen, dann kann jede Bewegung kathartisch und reinigend wirken.
Wenn wir unseren Panzer in Gegenwart anderer Männer ablegen, dann gewinnen wir Schritt für Schritt unsere verlorene Fähigkeit zur Nähe zurück. Unter Nähe verstehe ich die Fähigkeit, entstehende Gefühle auf angemessene Weise mitzuteilen, ohne den anderen durch Schuldgefühle oder Kritik zu verletzen. Dazu gehört auch, anderen zuzuhören, wenn sie ihre Gefühle ausdrücken. Wenn wir keinen Kontakt zu unserem Körper haben, können wir weder unsere Gefühle mitteilen noch die anderer Menschen wahrnehmen. Wir können keine Liebe zu uns hineinlassen.
Wenn wir unserem Körper entfremdet sind, halten wir den Atem an, sobald andere ihre Gefühle zeigen, und unser Körper signalisiert dem ihren: »Hör auf, ich fühle mich in

meinem Körper nicht wohl genug, daß du fortfahren kannst.« Und wenn wir in der Überzeugung gelebt haben, daß Scham und Traurigkeit »nur in unserem Kopf« sitzen, dann versuchen wir andere davon zu überzeugen, daß dort ihr Schmerz sitzt. Wir sagen zu Menschen in tiefster Verzweiflung, es würde alles wieder gut werden, wenn sie nur »verstehen« würden. Die meisten Männer, die zu Männertreffen und in Männergruppen gehen, glauben, sie wünschten nur zu *verstehen*, aber sie *spüren* ein Bedürfnis nach mehr. Mein Vater sagte immer zu mir: »Ich verstehe nicht, warum du den Fehler nicht herausfinden und beheben kannst. Du bist doch ein kluger, gebildeter Kopf. Man sollte meinen, daß du inzwischen *kapiert* hast, was in deinen Beziehungen falsch läuft, und aufhörst, immer wieder das gleiche zu tun. Du hast doch stapelweise Bücher gelesen. Erklären die etwa nicht alles?«

Ich bin mir darüber im klaren, daß den Frauen in unserer Kultur unglücklicherweise beigebracht wurde, ihren Körper als Verführungsinstrument einzusetzen – aber zumindest hat man ihnen beigebracht, daß sie einen Körper haben. Wenn ich einer Männergruppe erzähle, ein Teil der Reise hätte die »Rückeroberung ihres Körpers« zum Ziel, dann sehen sie mich an, als wollten sie sagen: »Worüber zum Teufel redet dieser Typ eigentlich? Mein Körper hat mich schließlich hergebracht, oder nicht?« Die meisten Männer leben in dem Glauben, ihr Körper müsse seine Pflicht erfüllen, selbst wenn er hin und wieder mit Magengeschwüren, Rückenschmerzen und Erschöpfung nach Aufmerksamkeit schreit. Wir haben Dutzende legaler Mittel gefunden, wie wir den Schmerz in unserem Körper verleugnen können. Und nach Jahren des Betrugs, der Verleugnung und der Mißachtung des Körpers wird der Schmerz so stechend, daß

die meisten Männer Angst davor haben, dieses Gefühl zuzulassen.
»Du kannst alles machen, was du dir wirklich vornimmst«, sagte mein Vater ein ums andere Mal zu mir. Ich hörte ihm zu und glaubte, daß ich die vierundzwanzig Stunden, die man braucht, um von Boulder nach Birmingham zu kommen, durchfahren konnte, wenn ich es nur wirklich wollte. Und ich machte es auch. Aber mein Körper zahlte einen hohen Preis dafür. Ich schaffte es, indem ich in meinen fünfundzwanzig Jahre alten Körper, in dem bereits Adrenalin und der Spruch meines Vaters: »Denk nach, bevor du was tust!« kreisten, zusätzlich noch Kaffee, Nikotin und Alkohol pumpte. Mein Rücken, meine Beine und mein Hintern flehten mein Gehirn an, ein Zimmer in einem »Motel 6«[6] zu nehmen. Mein Kopf erwiderte nur »Halt's Maul!« auf das Wehklagen und die Pein meines Körpers. »Das geht nicht, außerdem können wir uns ein Motel ohnehin nicht leisten. Ich trinke noch einen Kaffee auf dem nächsten Rastplatz.«
Manche Männer haben bereits mit dreißig ihren Körper durch Profisport verbraucht. Ein Amateurringer erzählte mir einmal von seinen vielen Operationen, den implantierten Stiften und den Schmerzen, die ihn schon vor seinem fünfundzwanzigsten Lebensjahr plagten. Ein anderer Mann erzählte mir, wie er jeden Tag vier Stunden Bodybuilding gemacht und sich halb zu Tode gehungert hatte, um mit fünfundvierzig noch attraktiv auf Frauen zu wirken: doch die Natur bescherte ihm trotz all seiner Anstrengungen und zum Leidwesen seines Egos einen Bauch und eine beginnende Glatze.

6 Motel 6: amerikanische Hotelkette, die ursprünglich für ein Zimmer nur sechs Dollar verlangte (Anm. d. Übers.)

Und dann ist da noch der Krieg. Nur wenn die Männer sich ihrem Körper entfremdet haben, ertragen sie es, in einem Krieg zu kämpfen, einen Krieg im Sender CNN anzusehen oder für CNN über einen Krieg zu berichten. Während eines Interviews mit Bernard Shaw wurde mir einmal das Elend des amerikanischen Mannes deutlich, der in jedem beliebigen Krieg kämpfen muß. Als Shaw von seinem Posten in Bagdad nach jenen betäubenden ersten Kriegstagen zurückkehrte, deren Zeuge er von seinem Hotelzimmer aus geworden war, fragte man ihn, wie er noch weiter Bericht erstatten könne (er tat das, indem er sich aus dem Fenster lehnte und aufs Dach stieg). Seine Antwort stimmte mich ungeheuer traurig. Er sagte, er würde sich selbst jedes »Gefühl« verbieten, um »objektiv Bericht erstatten« und »seine Arbeit verrichten« zu können. Was er sagen wollte, war, daß er nicht hätte weitermachen können, wenn er »irgendein Gefühl« zugelassen hätte. Wenn die Männer fühlen könnten, könnten sie vieles nicht mehr tun, nicht mehr zulassen, bei vielem nicht mehr zusehen, das nicht nur ihrem Körper, sondern auch dem ihrer Brüder, Schwestern und Kinder angetan wird, Menschen, die sie kennen, wie solchen, die sie nie gesehen haben.

Wir legen unseren Körper still, suchen den Schalter in unserem Kopf und knipsen ihn an. Jahrelang bleibt er dann in dieser Position erstarrt. Es beginnt schon in der Kindheit. Als Junge habe ich nie gehört, daß mein Körper wichtig und sinnlich sei. Ich erinnere mich, wie ich eines Tages nach vielen körperorientierten Therapien (Bioenergetik und Rolfing) in der Badewanne saß, etwas, was ich nur selten mache, denn Duschen geht schneller. Ich hatte mich richtig eingeweicht. Ich nahm eine Handvoll wundervoller Pfefferminzseife und strich damit sanft über meine Arme und

Beine, einfach weil sie mir etwas bedeuteten, weil sie Teil meiner selbst waren, weil es gut war, meinen eigenen Körper zu berühren und seine Sinnlichkeit zu spüren, wie fremd und merkwürdig dieses Gefühl auch war. Mir wurde bewußt, daß ich über drei Jahrzehnte lang gelebt hatte, ohne jemals meinen Körper wirklich langsam und liebevoll gebadet zu haben. Inzwischen bade ich oft und wundere mich nicht mehr darüber, warum so viele Frauen, die ich kenne und kannte, bei Kerzenlicht baden und sich dafür eine Stunde Zeit nehmen.
Wenn wir es schaffen, zu lernen, wie wir in Kontakt mit unserem Körper treten und ihn achten können, dann sind wir auf dem besten Weg, einen Teil unseres Selbst zu entdecken, der verborgen gewesen war – unser wahres Selbst, unsere echte Männlichkeit. Wir werden unseren Körper und unsere Seele wieder zusammenführen. Wenn wir in eine Männergruppe gehen, wird unser Körper sich vor Angst schütteln, unsere Seele jedoch wird jubilieren, weil sie auf diese Gelegenheit jahrzehntelang gewartet hat.

Körper und Seele wieder zusammenführen

Männergruppen bieten einen sicheren Ort, um zu erkennen und zu fühlen, daß der Körper Erinnerungen wie ein emotionaler Schwamm aufsaugt und daß man ihn regelmäßig auswringen muß, wenn er effektiv, störungsfrei und mit Liebe weiterarbeiten soll. Der Körper ist ein System, das Spannung aufbaut, und wenn man nicht in regelmäßigen Abständen für Entladung sorgt, dann entwickeln wir Krankheiten und Abhängigkeiten, die uns den Zugang zu unserer Erinnerung, zur Erkenntnis unserer ursprünglichen Verletzungen und Wunden versperren. Krankheiten bringen uns auf Abwege, denn wir konzentrieren uns auf ihre Heilung anstatt auf die Behebung der Ursachen; Abhängigkeiten betäuben unser Bewußtsein für die ursprüngliche tiefe Wunde. Wenn ich genug trinke, esse oder vögle, kann ich vergessen, daß ich einen Körper habe.

Die Männer vergessen nicht nur ihren Körper, sie vergessen damit auch ihre Seele. Viele der Männer, mit denen ich gearbeitet habe, haben eine starke Verbindung zu ihrem Geist, aber ihre Seele ist voller Löcher und beinahe so total vernachlässigt wie die ihrer Väter.

Die Seele sitzt im Körper. Wenn wir unseren Körper wiederfinden, heilen wir unsere Seelen. Der Geist ist ätherischer, schwebt weiter oben; er kann sogar in unserem Kopf beheimatet sein. Die Seele liebt Trommeln, und der Körper liebt es, die Trommel zu schlagen. Der Geist fühlt sich durch melodischere Töne angesprochen. Die Seele liebt tanzen und auf ein Kissen schlagen oder auf die Erde – sie ist ursprünglich. Der Geist liebt Gebete und Meditation.

Viele Männer, auch Athleten, haben ihren Körper verloren. Manche Männer trainieren oder machen Yoga oder T'ai Chi, aber sie tun es nur mit dem Kopf. Beobachten Sie einmal ihre Gesichter. Ihre Energie konzentriert sich oft in ihrem Kopf und ihren Augen. In ihrem Gesicht spiegeln sich Anspannung und Anstrengung – sie denken erst, bevor sie etwas tun.

Tony ist ein Spezialist in Sachen Kampfsport. Sein Körper entspricht vollkommen den Idealmaßen. Sein Schwarzer Gürtel umgibt eine achtzig Zentimeter schmale Taille, und seine Schultern sind breit und gerade. Er trainiert fünf- bis sechsmal in der Woche und sieht aus, als ob er seinen Körper kennen und lieben würde. Während eines Workshops fragte ich Tony, welche Gefühle der Verlust seines Vaters in Vietnam in ihm ausgelöst hatte. Er starrte ins Leere und sagte: »Ich fühle wirklich gar nichts.« Sein Körper war gestählt, seine kraftvollen und anmutigen Bewegungen entsprangen dem Orient. Aber sein Leiden, seine Trauer und seine Wut waren weit weg auf dem Mars. Als es um das Erinnern, Spüren und Zeigen von Gefühlen ging, war er ebenso weit von seinem Körper entfernt wie viele andere Männer, mit denen ich gearbeitet habe.

Wir haben nicht nur gelernt, unseren Körper nicht zu fühlen, man hat uns auch beigebracht, um jeden Preis diesem Gefühl der Leere zu entfliehen, das sich unmittelbar nach einer echten Entladung von Gefühlen – sofern wir uns dazu je hinreißen lassen sollten – ausbreitet. Nach einem tiefen Schrei oder einem Wutausbruch frage ich die Betreffenden immer, wie sie sich fühlen. Sehr oft kommt als erstes »besser« oder »leichter« oder »gut«, danach aber »leer«.

Am Beispiel unserer Eltern lernten wir, daß wir uns nie von einem Gefühl der Leere erwischen lassen sollten. Stopf irgend etwas in dich hinein – Essen, Trinken, Sex oder sonst was, aber fühl dich nie leer. Und doch verfolgt der Körper unausgesprochen und unbewußt das Ziel, sich soweit wie nur möglich zu entleeren. Er bietet uns natürliche Befreiungsmechanismen wie Weinen an, durch die wir uns selbst entleeren können. Dann kann sich dieser leere Raum, den die meisten Männer in ihrem Magen, in ihrer Brust, im Herzen und Rücken spüren, mit unbekannten Gefühlen wie Freude und Glück füllen, die ihrerseits empfunden, erfahren und ausgedrückt werden müssen – entleert, damit die nächste Gefühlswelle Raum zum Anbranden hat. Körper und Seele, Denken und Geist müssen vereint werden, und

je leerer wir werden, um so mehr Platz haben wir, den wir mit denen, die wir lieben, teilen können.
Manche Menschen brauchen eine körperorientierte Therapie, um sich wieder an ihren Körper erinnern zu können. In bestimmten Phasen des Gesundungsprozesses können Therapien wie Bioenergetik, Rolfing, Hakaomi, neoreichianische Atemtherapie oder Feldenkrais sehr hilfreich sein. Durch diese therapeutische Arbeit am Körper werden der Schmerz und die Erinnerung aus erstarrten, steifen, gepanzerten Knochen, Muskeln, Geweben und Organen freigesetzt. Manchmal helfen sie uns, die Dinge wieder zu erinnern, die wir eine Weile lang vergessen mußten, mit denen wir uns jetzt jedoch auseinandersetzen können, weil wir die dazu notwendige Unterstützung haben.
Es ist wichtig, zu bedenken, daß wir regelmäßig an unserem Körper und unseren Gefühlen arbeiten müssen. Ein Wochenende Dampfablassen in einer Männergruppe reicht nicht aus, um Körper und Seele wieder zusammenzuführen. Dieses Zusammenführen muß bewußt und häufig geschehen. Am Anfang werden Sie sich dabei ertappen, wie Sie in Ihr früheres Schema zurückfallen und Gefühle und Körper unterdrücken und nur ein »netter« Typ sein wollen. Bemühen Sie sich um Achtung vor Ihren Gefühlen, vor Freude wie auch vor Wut. Wenn Ihr Chef oder Ihre Frau etwas sagt oder tut, das heftige Gefühle in Ihnen auslöst, dann lassen Sie sie zu, spüren Sie ihnen nach und lassen Sie jemanden daran Anteil haben, anstatt sie mit Drogen, Arbeit oder Fernsehen zu betäuben. Körper und Gefühle zusammenzuhalten erfordert Woche für Woche eine aktive Willensanstrengung, bis dieses Verknüpfen zu einem automatischen Prozeß wird – und das wird es werden. Und Sie werden daraus mehr Energie, mehr Glück ziehen, als wenn Sie

Ihre Gefühle vergraben und Ihren Körper ignorieren würden.

Die Wut spüren

An manchen Stationen und Orten auf seiner Reise in den Körper und zu seinen Verlusten wird ein Mann mit der Tatsache konfrontiert, daß die Beulen, blauen Flecken und Schläge, die er abbekommen und in sich verewigt hat, weniger und weiter weg gewesen wären, wenn sein Vater für ihn dagewesen wäre, als er ein kleiner Junge, ein Heranwachsender oder ein junger Mann war. Wenn ein Mann spürt, daß sein Vater abwesend war, fühlt er Wut und Trauer in sich.

Diese Wut und Trauer verschaffen sich auf sehr unterschiedliche Weise Ausdruck. Bei diesem Treffen schrie ein Mann so, daß sich allen in seiner Reichweite die Haare sträubten. Ein anderer Mann nahm einen roten Plastikschläger und drosch auf das Kopfkissen ein, wobei er zwei Dutzend Male »Ich hasse dich, du Hurensohn!« schrie und beim letzten Schlag schließlich hervorstieß: »Weil ich dich so geliebt habe.« Wieder ein anderer Mann saß inmitten eines Kreises mit einem Dutzend Männern und weinte viele Minuten lang, um seine Kindheit, um sein vergangenes Leben.

Die Trauerarbeit ist der wirkungsvollste Weg, den ich kenne, um den Körper zurückzuerobern, Nähe zu fühlen und Menschen in sich einzulassen. Männer, die trauern, die des Nachts weinen können, können am Morgen wieder tanzen. Wenn sie lernen, ihren Schmerz zu spüren, hören sie auf, ihn auf andere zu projizieren, und können den Schmerz der anderen nachempfinden, ohne sich dafür verantwortlich zu

fühlen oder sich darum kümmern zu müssen. Das Tor zum Körper, der Weg zur Nähe führt durch die Trauer.
Die Männer, die zu Männertreffen und in Selbsterfahrungsgruppen kommen, kommen zu einem guten Teil, um zu trauern; sie kommen, um ihren Körper zurückzugewinnen. Und wenn Männer an vielen Treffen oder Versammlungen teilgenommen haben, werden sie sich verändert haben – stärker, ausgeglichener und sanfter, aber *nicht* weicher sein. Sie haben gesehen, daß Männer andere Männer umsorgen, ohne daß eine Frau dabei wäre. Sie haben erkannt, daß sie die Fähigkeit, andere zu umsorgen, in sich tragen und immer getragen haben. Es wird ihnen leichter fallen, ihre Kinder mit offenen Armen und in weniger beschämendem Tonfall zu trösten. Sie werden öfter lieben und viel seltener »scheißwütend« sein. Sie werden die wohltätige Wirkung von Tränen kennen, und sie werden sich langsam von ihren Geistervätern und -müttern lösen. Sie werden hoffen, daß auch die, die zu Hause geblieben sind, es ihnen mit der Zeit gleichtun können.
Die Männer, die behaupten, sie hätten so etwas nicht nötig, sind seltener geworden. Der Weg zu tieferer Männlichkeit führt unweigerlich durch die Trauer über den Verlust des Vaters. Ich wünschte, ich könnte sagen, daß all der Zorn und all die Traurigkeit bei einem einzigen zweistündigen Treffen einer Männergruppe herausbrechen. Aber das ist nicht der Fall. Ein Mann wird nur zum Mann, wenn er Trauer und Wut zuläßt, wann immer sie in ihm aufsteigen. Wenn er seine Gefühle verleugnet, bleibt er ein kleiner Junge und hält die Frauen, die er liebt, von sich fern.
Die Männer bei diesem Treffen stehen erst am Beginn ihres Heilungsprozesses; sie haben noch viel Arbeit vor sich, aber sie sind jetzt bereit dazu, sie haben sich engagiert. Die

Männer, die schrien und weinten vor Wut und Trauer über den Verrat ihres Vaters, haben eine Träne vergossen und einen Blick auf das Kind in ihrem Innern geworfen. Sie haben wieder einen Kontakt zwischen Körper und Seele hergestellt und die Leere gefühlt, die sich nach Bloßlegung ihrer Verwundung eingestellt hat. Ein Mann wurde geboren. Die Reise hat begonnen.

Die Taufe: Noch einmal ganz von vorn anfangen

Am ersten Tag des Treffens öffneten sich die Wolken, und der Regen fiel wieder auf uns herab. Mein Kollege Marvin Allen und ich diskutierten darüber, was wir tun sollten, denn wir hatten versehentlich das große Zelt zurückgelassen und die anderen Zelte waren zu klein, um so viele Männer auf einmal unterzubringen. »Vielleicht sollten wir uns einfach nackt ausziehen und ein richtiges Wochenende des Wilden Mannes daraus machen«, sagte ich scherzend. (Robert Bly prägte den Begriff »Wilder Mann«, um jenen Teil der männlichen Psyche und Seele zu bezeichnen, der noch spontan, erdverbunden, ursprünglich und vital ist.)

Statt dessen standen wir fröstelnd in unserer bereits halb durchnäßten Regenausrüstung herum. Ich kämpfte mich durch meinen Beitrag über den Archetyp der »Mutter« und die weibliche Seite in der männlichen Psyche, aber ich wußte, irgend etwas stimmte nicht. Ich war mit dem Herzen nicht dabei, und der trommelnde Regen schien meine Worte bedeutungslos zu machen.

Um neun Uhr morgens hatte der Regen nachgelassen. Wir wanderten zu dem heiligen Wäldchen hinauf, wo wir gewöhnlich trommeln, tanzen und Geschichten erzählen. Die meisten unter uns gingen nur halbherzig mit. Als wir an den geparkten Autos vorbeikamen, begannen einige Männer zu überlegen, ob sie nicht besser in ihre Fords und Toyotas einsteigen und in ihr trockenes Zuhause fahren sollten, und einige wenige taten es auch.

Als ich halb durchweicht dastand, kam mir endlich der rettende Einfall: Zieh deine Kleider aus. Hör auf mit den Vorlesungen. Hör auf, das Wetter kontrollieren zu wollen, und genieße das Wasser, ein Symbol des Weiblichen in fast allen Kulturen.

Normalerweise gehört Nacktheit nicht zu einer Männerversammlung. An einem heißen Sommertag mag vielleicht der eine oder andere sein Adamskostüm anlegen und in einen Teich in der Nähe springen. Und samstags abends gehen wir nackt in die Reinigungs- oder Schwitzhütten. Diese werden von Indianern unterhalten, die wir einladen, uns durch ihre machtvollen Reinigungszeremonien zu führen. Meistens jedoch sind wir alle zu bescheiden oder zu verlegen, um uns auszuziehen.

Einen Augenblick lang überkam mich Angst. Was werden diese Männer von mir halten, wenn ich mich nackt ausziehe? Wie werden sie sich fühlen? Wird mein Körper denen, die beinahe nicht gekommen wären, Furcht einflößen? Werden sie mich für einen alternden Exhibitionisten halten? Oder werden sie das denken, was mein Vater und die meisten seiner Generation denken würden, nämlich daß ich meine latente Homosexualität zur Schau stelle? Vielleicht halten sie mich auch für ein idealistisches Relikt aus Woodstock?

Aber trotz all meiner Zweifel wußte ich, daß ich mich ausziehen mußte. Als ich mich schließlich all meiner Kleider entledigt hatte, was zu meiner Überraschung eine Weile dauerte, waren bereits zwei oder drei andere meinem Beispiel gefolgt. Und dann folgten weitere Männer. Ich tauchte aus meinen Kleidern auf wie ein Vierjähriger, der spielen wollte (JAA!), und das taten wir auch. Wir spielten. Wir weinten. Wir sprachen. Wir trommelten. Wir sangen. Einige glitten in zwei große Schlammlöcher und rieben sich und andere in vollkommener Selbstvergessenheit mit Schlamm ein. Ungefähr die Hälfte der Männer blieb angezogen, sah uns lachend zu und überlegte, warum sie sich nicht auch ausziehen und mit Schlamm bespritzen konnte.

Als der Regen heftiger wurde, begannen einige der angezogenen Männer zu sprechen. »Meine Mutter hat immer zu mir gesagt: ›Paß auf, daß du nicht naß wirst, sonst erkältest du dich und bekommst womöglich eine Lungenentzündung!‹« Andere Männer hörten die Mahnung ihrer Mutter: »Du wirst krank werden und den Unterricht verpassen!« Ein Mann sagte: »Ich habe Angst davor, vor anderen Männern meinen Körper zu zeigen. Ich habe Angst, sie könnten auf meinen Penis blicken und sehen, wie klein er ist.« Marvin fügte scherzend hinzu: »Genau, und meiner schrumpft im Regen und in der Kälte immer zusammen.« Ein anderer faßte in Worte, was Dutzende von uns fühlten: »Ich habe immer Angst, daß Männer merken, wie ich ihren Körper betrachte, und dann glauben, ich wollte mehr als nur schauen.«

Ein dreißig Jahre alter Mann namens Philipp stellte sich auf einen Ballen Heu und sagte: »Mein Vater ist mit mir hiergekommen, und ich habe Angst, mich auszuziehen, weil ich Angst vor seiner schlechten Meinung habe und fürchte, daß ich ihn durch meine Nacktheit in Verlegenheit bringe. Aber ich will nicht, daß mein jetzt sieben Jahre alter Junge je ein so verlegenes und schamvolles Verhältnis zu seinem Körper hat wie ich. Ich werde diese Kleider für mich und meinen Sohn ausziehen.« Dann blickte er zu seinem Vater hin und begann sich auszuziehen. Als er das Wort »Sohn« aussprach, zogen ein Dutzend andere Väter ihre Kleider aus, um sich von der anerzogenen Scham, die sie nicht weitergeben wollten, zu befreien.

Die Männer, die angezogen blieben, fühlten sich nicht unter Druck. Ich hoffte, dieser Blick auf Spontaneität und Überschwenglichkeit, diese Verherrlichung des Lebens und der Natur würde sie eines Tages dazu ermutigen, ihre Scham auf eine ihnen gemäßere Art zu überwinden.

Es war warm, und der Regen fühlte sich gut auf der Haut an. Als wir so um das Feuer herumstanden – die erste Erfindung der Männer –, waren die Flammen und der Regen und der Boden und wir zehn Millionen Jahre alt. In diesem zeitlosen Augenblick wurde mein Körper mit der Erde eins und der Regen mit meiner Seele, und ich konnte wieder leicht und friedlich atmen.

Und wie zu erwarten, fand ich – wie auch viele andere – einen tieferen Zugang zum »weiblichen Element« in dieser Feier des Urweiblichen, der Mutter Erde, als ich je in einer vorgefertigten Selbsterfahrungsübung hätte finden können. Indem wir Gaia näherkamen, wurden viele unter uns fähig, sich von den furchteinflößenden Müttern in unserem Kopf zu lösen.

Am nächsten Morgen ging die Sonne auf, und der Rest des Tages verlief in der gleichen Intensität wie der vorhergehende Tag. Die meisten Männer wurden früh wach und blickten zum Himmel hoch, als wäre er heilig. Das Wochenende hatte in seiner Wildheit alle Vorstellungen übertroffen und dennoch Sicherheit und Gesundung gebracht.

Noch deutlicher war mir klargeworden, daß wir zuerst unsere Männlichkeit finden müssen, bevor wir unsere weibliche Seele finden können, und daß beides einfacher ist, wenn wir uns von Zeit zu Zeit aus der Welt der Frauen zurückziehen und die Gemeinschaft von Männern aufsuchen – einfach nur nackt oder angezogen beisammen sind, in ein Feuer blicken, unsere Gefühle entdecken, den Regen, die Sonne und uns gegenseitig an Orte lassen, von deren Existenz wir nicht einmal wußten, Wunden heilen, von denen wir immer wünschten, sie möchten von allein verschwinden.

Mit Schwert und Schild – Unsere wahre Männlichkeit entdecken

Metaphern sind archaische, machtvolle Bilder. Richtig verstanden und sinnvoll eingesetzt, erlauben Schwert und Schild einen tiefen Einblick in die Bedeutung wahrer Männlichkeit bei Männern wie bei Frauen. Vereinfacht ausgedrückt, besteht wahre Männlichkeit aus dem Wissen und der Fähigkeit, im richtigen Augenblick das Schwert zu ziehen, zum Hieb auszuholen und es wieder in die Scheide zu stecken. Wer wahre Männlichkeit besitzt, erkennt auch, wann er anstelle des Schwertes einem Feind den Schild entgegenhalten muß.

Erheben Sie das Schwert und sagen Sie: »Halt, schlag dieses Kind nicht noch einmal! Überschreite diese Linie nicht, die ich im Sand, auf dem Teppich oder auf meinem Körper oder in meiner Seele gezogen habe! Beschimpfe mich nicht! Treib mich nicht zu weit! Hör auf!«

Machen Sie einen Schnitt, wenn die Beziehung tot ist. Schneiden Sie die Nabelschnur durch, die von Florida bis nach Kalifornien reicht. Kappen Sie die Bande zu Freunden, die unfähig sind, Sie in Ihrem Genesungsprozeß zu unterstützen. Stecken Sie das Schwert schweigend wieder weg, wenn eine Entschuldigung aus ganzem Herzen kommt. Stecken Sie das Schwert in die Hülle, wenn Ihr Partner sich ernsthaft verpflichtet, wegen seiner oder Ihrer Co-Abhängigkeit oder Sucht Hilfe zu suchen.

Männer wie Frauen, die einen Bezug zu ihrer Männlichkeit haben, halten den Schild hoch, wenn ihre Seele mit negativer Kritik bombardiert wird.

Jahrelang hörte ich mir nach einem Vortrag oder einem Workshop von irgendwelchen Leuten an, was ich alles falsch gemacht hätte. Verletzlich und verängstigt, wie ich war, lauschte ich auf ihre Beschwerden, obwohl ich wußte, daß ich mein Bestes gegeben hatte. Diese Leute benahmen sich wie der ewig krittelnde Vater meiner Kindheit, einer von der Sorte der »Vier-Einser-ein-Dreier-Eltern«. Sie stürzen sich auf den einen Dreier im Zeugnis, statt die vier Einser zu loben. In jeder Menschenansammlung beliebigen Umfangs findet sich mindestens ein solcher Elternteil, eine Person, die mir unbedingt mitteilen muß, was ich falsch gemacht habe. Wenige giftige Zungenschläge genügten, und ich war für den Rest des Tages fertig, in Stücke zerlegt und zu nichts mehr zu gebrauchen.

Schließlich fand ich meinen Schild und stellte ihn neben mich. Wenn heute Menschen kommen und beginnen, mich in Stücke zu hauen, dann packe ich meinen Schild in dem Moment, in dem sie sagen: »Ihr Vortrag oder Buch oder Workshop hat mir sehr gut gefallen, *aber* ...« Mein Schild fährt hoch, und ich sage: »Nein, ich möchte Ihre Kritik jetzt nicht hören. Ich bin zu wacklig auf den Beinen dafür, und ich brauche jetzt Ihre Liebe und Unterstützung oder gar nichts.«

Ich zücke meinen Schild, wenn eine Geliebte mich zu ihren Eltern macht oder wenn ein Workshop-Teilnehmer mich in seinen Vater verwandelt. Erst wenn ich mich sicher fühle, lasse ich ihn wieder herabsinken.

Bei vielen Männern – und Frauen ebenso – steht das rostige Schwert in der Ecke und bleibt unbenutzt in der Hülle. Der

Schild liegt unter dick mit Staub überzogenen Decken begraben; fast nie wird er hervorgeholt, entstaubt und den Vorgesetzten, Frauen, Liebhabern, Konkurrenten oder Zerstörern entgegengehalten, die uns zu verletzen trachten. Die meisten Väter gaben uns diese Werkzeuge nie oder lehrten uns, sie zu handhaben.

Manchmal vergessen die Männer, die an einem Männertreffen teilgenommen haben, ihren Schild; sie gehen in die Welt hinaus und erzählen den Leuten von dem Wochenende, von seiner Bedeutung für sie, von ihrem Heilungsprozeß, von ihren Gefühlen dort. Und manchmal beginnen Männer, die noch nie an einem solchen Treffen teilgenommen haben und sich womöglich dadurch bedroht fühlen, schneidende Bemerkungen zu machen und zu verletzen: »Das ist eine Rückkehr zu ungezügelter Wildheit und Triebhaftigkeit«, sagt ein Kritiker. »Das ist zu aggressiv«, sagt ein anderer. »Das ist überflüssig.« »Zu gewalttätig.« »Zu frauenverachtend.« Sie waren alle nicht dabei. Sie haben nicht an dieser Erfahrung teilgenommen. Sie verstehen einfach nicht. Aber ein Mann ohne seinen Schild kann einen Teil seiner Fortschritte zunichte machen, wenn er ihnen zuhört und ihr Urteil aufnimmt.

Der archetypische Mann weiß, wann er das Schwert schwingen, den Schild erheben, beschützen oder nein sagen muß. Wohin auch immer er geht, er führt Schwert und Schild bei sich und bedauert jede Wunde, die er schlägt, und trauert über jeden Verlust, der ihn trifft. Der wahrhaft Männliche ist der Krieger, der mit Trauer im Herzen akzeptiert, daß Schwerter und Schilde ein notwendiger Bestandteil des Lebens, der Reife, der Kreativität, der Sorge um andere und der Selbstliebe sind.

Die neue Männlichkeit in Aktion

Männer wie Frauen wollen erfahren, wie diese »neue« oder »tiefe« Männlichkeit aussieht. Ist das nur ein anderer Trick der Männer, um einen weiteren elitären und exklusiven Klub zu gründen, und wird dieser Frauen und Kinder unterdrücken? Die Antwort ist ein ganz entschiedenes Nein!

Ich kann zwar nicht sagen, wohin diese neue Männlichkeit sich entwickeln wird, weil wir erst am Anfang dieses Prozesses stehen, aber ich kann an einigen Beispielen veranschaulichen, wie sie sich in Aktion darstellt.

Wahre Männlichkeit in Aktion ist das Gegenteil all dessen, was wir gelernt haben. Wenn Marvin bei einem Treffen die Männer in einer Übung, in der jeder einem anderen Mann all die Dinge ins Ohr flüstert, die er selbst gerne von seinem Vater gehört hätte, zu ihrem inneren Kind führt, brechen manche vor Qual und Schmerz in Tränen aus, während sich starke Männerhände einander entgegenstrecken. Und wenn Marvin hundertfünfzig Männer in einem stolzen, mit erhobenem Haupt begangenen, aber nicht großspurigen »Königsgang« um die offene Weide führt, dann wissen alle Anwesenden, daß Männlichkeit ohne Arroganz und Dünkel positiv und lebensbejahend sein kann. Wenn sich zwei Männer begegnen, die seit Jahren in derselben Männergruppe sind, dann umarmen sie sich und lassen ihren ganzen Körper die Wärme und Kraft des anderen aufnehmen. Das ist ganz anders als bei Männern, die Angst vor solcher Nähe haben, weil bornierte Menschen ihnen Furcht davor eingeimpft haben.

Leute wie Jim sind ein Beispiel für wahre Männlichkeit bei Männern, die ihre eigene Seelenarbeit leisten.

Jim und ich sind seit mehreren Jahren miteinander bekannt. Er nahm an verschiedenen Männertreffen teil und hat mehr an sich gearbeitet als andere Männer, die ich kenne. Kürzlich traf ich Jim am Flughafen. Sein Lächeln eilte ihm voraus. Seine Umarmung kam von ganz tief innen. Er fuhr zu einem Männerwochenende in Georgia mit meinem Freund Shepherd Bliss. Ich war auf dem Weg nach North Carolina, um einen Fortbildungs-Workshop für Therapeuten abzuhalten.

Im Flugzeug unterhielten wir uns so, wie man es nur mit Männern kann, die mit Herz und Bauch zuhören und sprechen können. Nach einer Stunde Flugzeit gestand ich ihm, daß ich noch immer, obwohl ich häufig fliege, Todesängste dabei ausstehe. Er hörte mir zu und verzichtete auf analytische oder rationale Bemerkungen. Er nahm einfach Anteil an mir. Kurz nach meiner Eröffnung geriet das Flugzeug in die schlimmsten Turbulenzen, die ich seit meinem ersten Flug mit einer Propellermaschine 1956 im Alter von fünf Jahren erlebt hatte. Das Flugzeug schaukelte und schlingerte, wie es ihm gerade einfiel. Wir hüpften hoch und nieder, und beim zweiten Aufprall packte ich Jims Hand und zerquetschte ihm beinahe die Finger. Er lächelte mir weiter zu, als wollte er sagen: »Ich bin für dich da«, und das einzige, was er sagte, war: »Atme weiter.« Ich hielt durch und durchlebte erneut diesen Kindheitsflug voller Donner, Blitz und Angst. Ich kann mich nicht erinnern, daß mein Vater mich tröstete.

Während ich das durchstand, stand mir der Schweiß auf der Stirn, mein Gesicht wurde weiß, und mit meinen Handflächen hätte ich einen kleinen Garten bewässern können. Ein sehr freundlicher Mann mir gegenüber im Gang, der es gut mit mir meinte, erkundigte sich: »Was haben Sie denn?«

»Ich fürchte mich zu Tode«, stammelte ich.
»Sie brauchen sich nicht zu fürchten. In einer Minute ist der Spuk vorbei. Er wird hier herausfliegen und auf eine andere Höhe runtergehen. Alles wird wieder in Ordnung kommen.« Mit einem Blick auf meine in Jims Hand verborgene Hand fügte er hinzu: »Sie werden sich wieder wohl fühlen.«
»Ich habe immer noch Angst«, sagte ich und wischte mir den Schweiß weg. »Ich danke Ihnen für Ihre Aufmerksamkeit.« Jim sah mich an und sagte wieder nur: »Atme einfach.«
Noch Stunden nachdem mein Entsetzen sich gelegt hatte, zitterte ich. Beim Abschied im Flughafen von Atlanta dankte ich Jim, daß er für mich dagewesen war. Anschließend bestieg ich eine Propellermaschine, die mich nach North Carolina bringen sollte. Als ich, halbwegs über meine Qualen hinweggekommen, dort Platz genommen hatte, überfielen mich gleichzeitig Traurigkeit und Freude. Traurigkeit, weil ich wußte, daß der Mann im Gang gegenüber es »so gut mit mir gemeint hatte« wie mein Vater, und Freude, weil Jim auf dem besten Wege war, den ganzen Quatsch, den er und ich als Kinder gelernt hatten, über Bord zu werfen. Er war auf eine Weise für mich dagewesen, die mir zeigte, daß die Männer sich ändern.

* * *

Jeffrey ist von kleiner Statur und hat eine große Seele und ein tapferes Herz. Er arbeitet in der Computerbranche und trägt auf dem rechten Arm eine Tätowierung, die lautet: »Tod vor Ehrlosigkeit«. Er nahm an der ersten Männertagung über Heilung und Abhängigkeitsbeziehungen teil, die 1990 in Phoenix abgehalten wurde. Zusammen mit dreihundert weiteren Männern und hundert Frauen weinte er, tanzte und genoß all die Energieströme, die das Hotel kaum fassen konnte. Einige Monate später besuchte er ein von Shepherd Bliss, Marvin Allen und mir geleitetes Männertreffen in Las Vegas in New Mexico. Während einer Pause kam er zu mir, legte seinen tätowierten Arm um mich und sagte: »Ich danke Ihnen. Nach dieser Tagung in Phoenix fuhr ich nach Hause und unternahm einen langen Spaziergang mit meinem vierzehn Jahre alten Sohn. Ich erzählte von mir, von meiner Kindheit, seinem Großvater, und ich erzählte ihm, wieviel Angst ich immer hatte, weil ich ein Mann war; wie ich versucht hatte, aus lauter Angst immer die Kontrolle über mich, ihn und die ganze Familie zu behalten. Ich erzählte ihm, wie weh mir manches tut, was ich träumte, was ich mochte und was nicht. Und schließlich sagte ich ihm, wie leid es mir täte, daß ich nicht für ihn da war, als er noch klein war, weil ich immer in der Arbeit oder mit den Jungs einen trinken war. Ich versprach ihm mit Tränen in den Augen und aus dem tiefsten Bauch heraus, ich würde mich ändern. Auch er weinte, und wir umarmten uns lange Zeit. Schließlich sah John mir in die Augen und sagte: ›Papa, ich habe zum ersten Mal in meinem ganzen Leben das Gefühl, daß du mich wirklich verstehst und daß du wirklich weißt, wie ich mich fühle. Ich liebe dich, Papa.‹«

Jeffrey zog ein Taschentuch aus seiner Hüfttasche. »Ohne diese Tagung in Phoenix und all die Unterstützung, die ich dort bekommen habe, hätte ich das nicht geschafft. Ich habe zu meinem Sohn gesagt, wenn er Lust hätte, könnte er mit mir zu diesem Treffen kommen, und hier ist er (er zeigte über das Feld) und stellt unser Zelt auf. Ich wünschte, mein Vater und ich hätten je etwas Ähnliches tun können.«

Und da ist Michel. Er sagte zu mir: »Ich habe Barbara gesagt, daß ich sie liebe und an ihr hänge, aber nur auf meine Art und Weise mit ihr zusammensein kann.«
Michel ist schmal, bärtig und wird kahl. Er hat einen deutlichen Südstaatenakzent und für jeden ein Lächeln. Lange Zeit war er seinem eigenen Ausdruck zufolge »einer, der es allen recht macht«.
»Ich habe mich in Beziehungen immer an die Erwartungen der anderen angepaßt, und das habe ich jetzt satt. Ich habe es satt, immer das zu tun, was ich nach Meinung meiner Eltern und anderer Leute tun sollte. Ich will nicht heiraten, ich will in meinem eigenen Haus leben, meine Freunde um mich haben, wachsen, mich verändern und meine Wunden heilen. Ich möchte Barbaras Geliebter und Freund sein, aber ich will sie nicht heiraten, und ich will nicht, daß sie deswegen Druck mit der Vorstellung auf mich ausübt, das täte jeder, der ›keine Angst vor Verpflichtungen‹ hätte. Ich möchte zur Abwechslung einmal ich selbst sein. Ich will lieben und geliebt werden, aber so, wie es mir guttut. Versteht das irgend jemand hier?«
Mehrere Männer antworteten: »Ja.«

Stellen Sie sich vor: Die neue Männlichkeit führt zu einer Veränderung der Sprache. Stellen Sie sich vor, diese Wörter und Sätze verschwinden aus dem Mund der Männer, werden aus allen Briefen über gescheiterte Beziehungen getilgt: »Zieh dich am eigenen Schopf aus dem Sumpf.« »Laß dich nicht unterkriegen.« »Es gibt noch andere Fische im Meer.« »Das Problem mit dir ist, daß du einfach zu empfindlich bist.« Oder: »Wenn etwas der Mühe wert ist, dann gib dir auch Mühe.« »Morgenstund hat Gold im Mund.« »Du verplemperst den Tag.« Oder auf Kinder bezogen: »Ach, sie

werden schon darüber hinwegkommen. Sie sind unverwüstlich.« »Du mußt doch nicht schon wieder auf die Toilette gehen – du warst doch gerade erst.« »Große Jungen weinen nicht.« »Sei ein ›netter‹ Junge oder ein ›nettes‹ Mädchen, sonst mag Papi (oder Mami) dich nicht mehr.« »Wenn du jetzt nicht gleich aufhörst zu weinen, dann werde ich dir einen Grund dafür geben.« »Du wirst es nie zu etwas bringen.« »Du bist nicht mein Sohn.«
Die Männer sind auf dem Wege der Selbstheilung und werden diese Sätze und ähnliche aus ihrem Gedächtnis löschen.

Brad ist ungefähr vierzig und gebaut wie eine Ziegelwand – dick und hart, sein Gesichtsausdruck aber ist besonders um die Augen herum jungenhaft. Er ist ein Angestellter des Männerzentrums. Als ich letzthin hereinkam, sah ich ihn zurückgelehnt an einem Schreibtisch sitzen, offensichtlich in eine anregende Unterhaltung mit einem der Therapeuten, die dort ihre Praxis haben, vertieft. Ich wandte mich um und ging zu meiner Praxis zurück, um sie nicht zu stören, wobei ich mir dachte: Ich bin froh, daß die beiden ein wenig zusammen plaudern und sich ein bißchen kennenlernen. Ich dachte nicht mehr weiter daran bis zum nächsten Tag, als Brad mit einem beunruhigten und ziemlich verängstigten Gesichtsausdruck an meine Tür klopfte. »Kann ich hereinkommen? Wir müssen miteinander reden.« Seine Stimme klang nervös. »Hören Sie mal, wegen gestern – als Sie hereinkamen und die Unterhaltung zwischen Rich und mir mitbekommen haben – ich wollte Ihnen nur sagen, daß wir gerade erst angefangen hatten und daß ich nicht einfach die Zeit totschlage. Als ich sah, wie Sie kehrtmachten und weggingen, dachte ich mir, Sie würden vielleicht glauben, daß ich meine Zeit nur verbummle, und da ...« Ich unterbrach ihn. »Wow, Brad, möchten Sie überhaupt wissen, was ich wirklich dachte, bevor Sie weiterreden?« »Sicher, aber ich möchte wetten, daß Sie sauer waren und dachten, ich wäre mein Geld nicht wert.« Brad wurde stundenweise bezahlt. »Brad, ich dachte, wie großartig es doch ist, daß ihr ein wenig zusammensein könnt und daß Sie und die anderen sich um so wohler hier fühlen würden, je mehr Sie über die Leute, die hier arbeiten, wissen. Ein Hauptgrund, warum ich diesen Ort geschaffen habe, war, daß ich Menschen in Kontakt miteinander bringen wollte, damit sie miteinander reden und sich gegenseitig helfen.« Brad sah verlegen, aber auch erregt aus. »Mein Gott, ich habe ganz vergessen, daß ich nicht mehr an meiner alten Stelle arbeite. Mein alter Chef hätte das geglaubt, genauso wie mein Vater. Früher, als ich für ihn gearbeitet habe, da hielt er alle auf Trab, bis sie sich fast zu Tode schufteten. Es ist schwer, sich an die Vorstellung zu gewöhnen, daß ich ich sein kann und keine Angst vor dem Ärger irgendeines anderen Mannes haben muß und daß ich nicht immerzu versuchen muß, seine Gedanken und Gefühle vorwegzunehmen. Ich danke Ihnen für Ihre Hilfe.«

Nur ein Vater kann eine solche Macht über den Körper eines Jungen haben. Nur er kann einen Magen in einen Knoten verwandeln und uns so viel Angst einjagen, daß wir kein Wort mehr herausbringen, und uns so viele Sorgen über Menschen und Dinge einimpfen, daß wir uns alle möglichen Probleme ausmalen.

Der neue Mann wird hart arbeiten und auch hoffen, daß die Menschen, mit denen er zusammenarbeitet, ebenfalls ihr Bestes geben. Aber die alte Botschaft »Ich bin dein Herr und Meister, und du bist der Angestelltensklave« hat ausgedient.

Ich will niemandes Chef sein, und ich werde verdammt sicher nicht irgend jemandes Sklave werden, noch werde ich Angestelltensklaven beschäftigen. Was ich brauche, sind Unterstützung, Anteilnahme und Kooperation.

Die Prinzessin in uns – Die Wiedergewinnung der Weiblichkeit

Die Männer kommen nicht nur zu Männertreffen und Männergruppen, um ihre Männlichkeit, ihre Väter und die Freundschaft zu anderen Männern zu finden. Sie sind auch auf der Suche nach ihrer weiblichen Seite, nach der Prinzessin in sich.

Die meisten Männer suchen die Prinzessin, das vollkommen Weibliche, außerhalb ihrer selbst. In jeder Frau, die sie kennenlernen, suchen sie nach der Märchenprinzessin, auch wenn sie seit fünfundzwanzig Jahren verheiratet sind. »Bist du meine Prinzessin, meine Idealfrau?« »Oder du?« »Bestimmt ist meine Sekretärin die Richtige.« »Ich weiß, daß ich verheiratet bin, aber wenn ich meine Idealfrau finde, werde ich meine Frau verlassen.« »Mein ganzes Leben lang habe ich nach der Prinzessin Ausschau gehalten.«

Wer symbolisiert oder verkörpert in dieser Kultur die Prinzessin? Vielleicht Madonna oder Prinzessin Diana oder Marilyn Monroe. Aber wie ein Mann kürzlich bei einem Männertreffen sagte: »Ich könnte nur wenige Frauen aufzählen, die heute bereit wären, die Prinzessin zu spielen. Aber mir fallen viele Männer als Darsteller des Prinzen ein – Robert Redford, Mel Gibson, Al Pacino, Tom Cruise.«

Doch wenn ein Mann wirklich die Prinzessin, das Weibliche, den Kelch des Lebens finden will, dann muß er in seinen eigenen inneren Wald reisen, in seine Vergangenheit und in seine Wunden hinabsteigen. Und er muß dabei sorgsam sein. Viele Männer haben sich auf ihrer Suche nach Weiblichkeit weit von ihrer Männlichkeit entfernt. Sie benutzten womöglich gar das Weibliche, um ihrer Männlichkeit zu entfliehen, wenn sie sich dieser schämten oder Angst vor ihr hatten. Als Reaktion auf die verzerrte Männlichkeit, die ihnen von ihren Vätern entgegengehalten worden war, entschieden sie sich für Poesie, Armut und Passivität. Und sie fanden das, was ich bereits als »falsche Weiblichkeit« bezeichnet habe, und wurden zu dem, was Robert Bly einen »soften Mann« nannte. Diese Männer sind voller guter Absichten, aber sie sind unfähig zu echter Zärtlichkeit und zu echter Fürsorge für sich selbst und andere. Sie sprechen von Frieden und verharren in Selbstgefälligkeit, während die Erde zerstört und Kinder mißhandelt werden. Sie projizieren ihre eigene Prinzessin auf Frauen aus Fleisch und Blut, und wenn diese das Spiel nicht mehr mitspielen wollen, dann lassen sie sie teuer dafür bezahlen. Sie stellen sich vor, sie könnten eine andere finden, die ihr Spiel mitmacht, ihre Illusionen befriedigt.

Ein Mann, der seine eigene innere Prinzessin nicht findet, verwandelt die Frau, die er liebt, in eine Kinder fressende Hexe, um Kraft zu gewinnen. In Wirklichkeit ist seine Frau vielleicht eine Mutter, die traurig Trost und Kraft bei ihren Kindern sucht, weil ihr Mann es an jeglicher männlicher Energie fehlen läßt.

Wenn ein Mann seine Prinzessin nicht findet, erscheint sie ihm immer in seinen Träumen. In all ihren Erscheinungsformen und Variationen stattet sie uns des Nachts, wenn wir schlafen, einen Besuch ab und spricht uns von weiblichen Botschaften und Mysterien. Manch einer erwacht und glaubt, er hätte eine Botschaft Gottes vernommen, seine

Ex-Freundin oder Ex-Frau anzurufen, auch wenn er sich von ihr getrennt hat oder seit zehn Jahren von ihr geschieden ist. Wir halten sie fälschlich für unsere Prinzessin, unsere weibliche Hälfte, unsere Traum-Braut.

Wenn ein Mann Zugang zu seiner authentischen weiblichen Seite findet, kann er seine Frau, Freundin oder Tochter so lassen, wie sie ist, ohne seine Vorstellungen auf sie zu projizieren. Wir müssen um diesen Teil unseres Selbst werben, der empfangend, langsamer, dunkler, nasser ist und bereit, dem eingepflanzten Samen Zeit zu lassen, damit er Früchte tragen kann.

In der Männerbewegung geht es darum, mit der Entdekkung unserer tiefen Männlichkeit zugleich auch unsere Weiblichkeit zu finden, zu spüren und zurückzuerobern. Und paradoxerweise müssen Männer oft erst in Männergruppen zusammenkommen, um ihre Weiblichkeit zu entdecken. In der ausschließlichen Gegenwart anderer Männer ist es schier unmöglich, das weibliche Element an jemand anderen zu delegieren. Viele Männer finden es und öffnen sich ihm zwischen Felsen und Bäumen und grünen Hügeln in den Wäldern, weit weg von den Fallstricken der falschen Weiblichkeit. Je näher wir unserer Männlichkeit kommen, um so mehr wird auch die Weiblichkeit zu einem treuen Begleiter.

Weiblichkeit in Krisen

Heute morgen erwachte ich mit diesen Worten auf den Lippen: »Sie ist nicht meine Mutter. Es ist nicht meine Krise. Ich stecke nicht in einer Krise, nur weil sie eine durchmacht. Ich bin nicht für die Lösung verantwortlich.« Die Worte vermischten sich mit dem Sonnenlicht, das ins Fenster meiner Hütte strömte, hoben meine Stimmung und machten mir Lust zu schreiben.

Die erste Begegnung eines Mannes mit dem »Weiblichen« ist die Mutter. Der kleine Junge entdeckt das Weibliche im Gesicht seiner Mutter, am sichersten in ihren Augen. Mutter und Weiblichkeit bedeuten für ihn gewöhnlich Liebe, Sanftheit, Zärtlichkeit, Pflege, Berührung und Geduld. Der Junge siedelt seine weibliche Seite ganz natürlich außerhalb seiner selbst an und überträgt sie auf seine Mutter, so, wie er seinen Vater zum männlichen Modell erwählt.

Für viele Männer ist das Weibliche noch immer irgendwo da draußen und spiegelt sich in den Augen einer Frau wider. Und für einige ist die Angst vor dem Verlust der Frau mit der Angst vor dem Verlust eines Teils des eigenen Selbst, den sie noch einfordern müssen, identisch. Wenn Frauen einen Mann verlassen, nehmen sie diesen weiblichen Teil mit sich.

Als ich noch klein war, machte meine Mutter viele Krisen durch, denn sie lebte mit einem Alkoholiker zusammen und war selbst Kind eines solchen. Ihre Krisen wurden auch meine. Das ging so weit, daß ich litt, wenn sie litt. So weit, daß ich den Eindruck gewann, ich könnte ihr durch Klugheit, Bravsein oder Stärke helfen und dadurch möglicherweise mehr von dieser so lebensnotwendigen Liebe, Zärtlichkeit und Fürsorge abbekommen, die sie mir rückhaltloser entgegenbringen konnte, wenn es ihr gutging. So wurde es meine Aufgabe, für sie und später für andere Frauen die Dinge in Ordnung zu bringen.

Trotz all der Arbeit an mir, die ich hinter mir habe, lasse ich manchmal noch immer meine Weiblichkeit aus mir direkt in eine Frau entströmen. Als mich meine nunmehr neunundfünfzig Jahre alte Mutter beispielsweise kürzlich in einer Krise anrief, hatte ich binnen zehn Minuten ihre Probleme zu den meinen gemacht und war dabei, sie mit Lichtgeschwindigkeit zu lösen. Ich gab ihr »gute Ratschläge«, schrieb ihr einen »ordentlichen« Scheck aus und verhielt mich wie ein »guter« Sohn. Ich fühlte, wie die Prinzessin mir entglitt, als ich wieder der *Mann, der alles richtet*, wurde, ihr Vater, ihr »kleiner Mann«.

Mir ist aufgefallen, daß ich meine weibliche Seite weit besser in mir halten und weit besser mit ihr umgehen kann, wenn ich keine Beziehung habe oder wenn ich eine Beziehung zu einer Frau unterhalte, die in vielem meinem Vater ähnelt, die männlich und unerreichbar ist. Dann bin ich mehr wie meine Mutter, die sehr weiblich ist. Wenn ich auf der anderen Seite mit einer Frau zusammen bin, die sehr weiblich ist, fällt es mir schwerer, nicht wieder in den alten Trott der traditionellen »Männerrolle« zu verfallen.

Ein Beispiel für meine Bereitwilligkeit, diese Rolle zu übernehmen, erhielt ich erst letzte Nacht. Meine Freundin rief mich in meiner Hütte in Alabama an und teilte mir mit, sie könne nicht wie geplant am nächsten Tag zu mir kommen, weil der Mann, der ihr Haus gemietet hatte, anrief und ihr sagte, die sanitären Anlagen müßten von Grund auf repariert oder ganz ausgewechselt werden. In weniger als fünf Minuten war der Mann, der alles richtet, mit einem Feuerwerk von Vorschlägen zur Stelle, zitierte aus der Philosophie der Selbsthilfegruppe und dachte sich aus, wie sie das alles bezahlen könnte.

An diesem Morgen wurde mir klar, daß sie vor kurzem, als ich selbst eine kleine Krise durchmachte, nur zuhörte und mich fragte, was ich von ihr »brauchte«. Mir wurde ebenfalls klar, daß ich in den letzten Wochen nicht viel Aufmerksam-

keit, Zärtlichkeit oder Anteilnahme von ihr empfangen hatte, weil sie selbst tief in persönliche Probleme verstrickt war, und daß ich vielleicht noch eine ganze Weile lang darauf würde verzichten müssen, wenn ich ihre Probleme nicht für sie löste. Kommt Ihnen das bekannt vor?
Beim Niederschreiben spüre ich, wie meine Weiblichkeit wieder in den Körper des rechtmäßigen Besitzers zurückströmt – in meinen. Ich diesem Moment glaube ich, daß ich mich selbst lieben, zu mir zärtlich sein und mir selbst geben kann, was ich brauche. »Sie ist nicht meine Mutter. Es ist nicht mein Problem. Es ist nicht mein Fehler. Ich muß nichts und niemanden in Ordnung bringen. Ich bin so liebenswert, wie ich bin, und ich liebe sie genug, um zuzuhören, sie zu unterstützen und Anteil an ihr zu nehmen.«

Männer nehmen ihre innere Weiblichkeit an

Raymond stand auf und meldete sich freiwillig für die Teilnahme an einer der letzten Übungen des Treffens. Wenn wir die Männer, die daran teilgenommen hatten, in Clans aufgeteilt hätten, hätte dieser Typ sich gewiß im Bärenclan wohl gefühlt. Er war über einsachtzig groß und stieß seine Worte brummend hervor. Er war ungefähr so groß wie ein mittelgroßer Braunbär, mit Klauen statt Händen, so sanft wie *Gentle Ben*, der Riesenbär aus dem Film.
Ich hatte eine Stunde lang darüber gesprochen, daß wir als Männer auf unserer Reise zu unserer wahren Männlichkeit auch unsere weibliche Seite finden müßten. Viele Männer hatten erzählt, wie lange sie diesen Teil ihres Selbst an ihre Frauen und Geliebten delegiert hätten, im Austausch für ihre »Vaterfunktion«, ihre »Ratschläge« und ihre »Problem-

lösungen«. Viele Männer waren darüber tief bedrückt, denn diese Muster hinderten sie daran, den Frauen, die sie liebten, ein Freund zu sein. Die Frauen ihrerseits hatten den Kontakt zu ihrer männlichen Seite verloren, und so trieben beide Parteien oft auf der Suche nach ihrem fehlenden Selbst dahin.

Ich schloß meine Rede mit einem Gedicht von Ethridge Knight mit dem Titel »Bauchlied«: »Sie öffnete sich mir wie eine Blume, und ich fiel auf sie wie ein Stein, ich fiel auf sie wie ein Stein.« Die Männer schienen bereit, das Gesagte in sich aufzunehmen und die Bilder von der Blume und vom Stein tief in sich wirken zu lassen. Ich sagte ihnen, sie sollten sich vorstellen, daß im Herzen eines jeden Steines eine Blume wächst und in der Mitte einer jeden Blume ein Stein liegt. Ich fragte, wer bereit sei, die Bilder in seiner eigenen Innenwelt aufsteigen zu sehen. Einige Hände gingen nach oben, während Raymond vortrat. »Ich bin bereit. Ich muß das tun. Für mich selbst. Für meine Frau und meine Kinder.«

Ich nahm einen Stock, zog einen Kreis um ihn und bat die Männer, näher zu kommen, um ihm beim Vollzug einer seltsamen Art von Zeremonie beizustehen, die ich nie zuvor zelebriert noch woanders gesehen hatte. Raymond stand unbeweglich im Mittelpunkt des Kreises. Er schloß die Augen. Da ich mir über mein Tun selbst nicht ganz im klaren war, hörte ich in mich hinein und suchte nach einer Art Anleitung. »Raymond, ich möchte, daß Sie ein paarmal tief einatmen, wenn Sie bereit sind. Ich möchte, daß Sie sich das Gesicht Ihrer Mutter vorstellen und sehr sanft ihre Hände in die Ihren nehmen und spüren. Und wenn Sie bereit sind, nehmen Sie Abschied von ihr und lassen Sie all Ihre Gefühle hochkommen. Sie nehmen Abschied von der Mutter, die sie vor dreißig Jahren war.« Raymond begann zu weinen. »Gott, Mama, ich muß dich gehen lassen«, rief er laut aus. »Stellen Sie sich jetzt alle Frauen und Mädchen vor, die Sie geliebt haben, einzeln oder alle zusammen, und nehmen Sie Abschied von ihnen. Und dann stellen Sie sich Ihre Frau und Ihre Töchter vor und nehmen fürs erste von ihnen Abschied, aber sagen Sie ihnen, Sie würden sie nach dieser Übung wiedersehen«, sagte ich und überlegte, was in den anderen Männern vor sich gehen mochte.

Raymond atmete tief ein, und dicke Tränen rannen seine Wangen hinab. Ich fuhr fort: »Das sind die Frauen, denen Sie jahrelang Ihre weibliche Seele aufgebürdet haben. Überlassen Sie sich diesem Gefühl des Verlusts, sosehr Sie können. Nun möchte ich, daß Sie langsam spüren, wie dieser Teil Ihres Selbst, der irgendwo da draußen umhertreibt und nach seiner wahren Heimat sucht, ganz langsam in diesen Kreis eintritt.«

Raymond weinte und schluchzte. Sein ganzer Körper krümmte sich unter der Erkenntnis dessen, was er den Frauen, die er liebte, angetan hatte und noch immer antat. Das ging etwa zehn Minuten oder mehr so, dann begann er zu lächeln. »Es ist seltsam. Während ich weinte, konnte ich sie in diesem Kreis stehen sehen, und dann, das schwöre ich, war es, als ob etwas in mich eindränge, und ich weiß, es war sie. Sie ist die schönste Frau, die ich je in meinem Leben gesehen habe. Sie ähnelt weder meiner Frau noch meiner Mutter, noch irgendeiner anderen Frau, die ich je kennengelernt habe.«

Auf seinem Gesicht stand ein Leuchten, das jeden Mann bewegte. »Sie ist in mir. Ich werde sie nie wieder gehen lassen, sie ist die Braut, nach der ich all die Jahre gesucht habe. Ich werde sie nie wieder gehen lassen. Wenn ich es

doch tue, werde ich es fühlen und alles tun, um sie wieder zurückzuholen.«
Er öffnete die Augen, obwohl noch immer Tränen daraus hervorströmten. »Noch nie habe ich mich so gut gefühlt. Sie in mir zu spüren (er deutete auf sein Herz) macht mich glücklicher, als eine Droge oder eine Frau es je vermochte. Danke, Jungs.«
Er sah um sich in die Gesichter der über einhundertdreißig Männer und sagte schließlich: »Ich könnte eine Umarmung gebrauchen.«
Raymond rief mich vor einigen Monaten an. »Meine Frau und ich stehen einander näher als je zuvor. Wir unterstützen uns so wie nie zuvor. Und seit diesem Treffen – ich weiß, das hört sich komisch an – lasse ich sie mehr Auto fahren, und ich verbringe viel mehr Zeit mit Kochen.«

Brief an eine Lebensgefährtin

Liebe Frau,
an diesem Wochenende habe ich meine Weiblichkeit gespürt. Ich habe diesen Teil meiner selbst, der in vielerlei Formen und unter vielen Gestalten in meine Träume schlüpft, nun in mir Wirklichkeit werden lassen. Ich, der ich so sehr in meinem Kopf lebe und mich ganz auf meine Männlichkeit verlasse, wenn es darum geht, Berge zu versetzen, Brücken zu bauen und Rechnungen zu bezahlen, habe mich nach dieser inneren Frau gesehnt, die alle Männer besitzen, gewöhnlich aber im Stich lassen und auf Frauen projizieren.
Vielleicht ist der Grund für unser Zusammensein, daß Du so oft so weiblich bist. Deine ozeanischen Wellen von Ge-

fühlen, Deine Spontaneität und Sinnlichkeit ermutigen mich an guten Tagen, verwirren mich an schlechten. Deine Sexualität wie Deine Seele sind nicht durch Stechkarten eingestanzt, nicht von Uhren und Kalendern bestimmt, sondern folgen Jahreszeiten und Zyklen und Rhythmen, die ich einen kurzen Augenblick lang an diesem Wochenende wie schon einige wenige Male zuvor tief in mir gespürt habe.

Einer der Gründe, warum ich manchmal vor Deiner Berührung zurückschreckte und in Traurigkeit versank, war meine Angst, ich könnte das Weibliche wieder verlieren, das ich für einen kurzen Augenblick gefunden hatte. Ich fürchtete, Du würdest diese Funktion für mich übernehmen. Ich hatte Angst, in diesem Drei-Schlafzimmer-Haus mit zwei Bädern wäre nicht genug Platz für meine und Deine weibliche Seite.

Meine innere Weiblichkeit bezieht so selten Quartier in mir, daß ich Angst hatte, sie würde in Deiner Gegenwart verschwinden, so wie Deine männliche Seite manchmal vor mir flieht.
Ein weiterer Grund, wieso ich Dir oft nicht all die Liebe zeige, die ich in mir trage, ist, daß ich mit einer »verschlingenden« Mutter aufwuchs, die sehr weiblich war und meine männliche Energie auffraß, wenn mein Vater ihr keine gab. Sie hielt kein Zimmer im Haus für meine weibliche Seite bereit, und mein Vater – der diese Energie an meine Mutter delegiert hatte – tat ganz gewiß nichts, um die Entwicklung meiner femininen Seite zu fördern.
Du siehst, es ist nicht so, daß ich Dich nicht liebte und daß ich immer vor Dir Angst hätte. Aber Du mußt verstehen, daß meine Heilung in hohem Maße von meiner Fähigkeit abhängt, meine weibliche Seite auch in Deiner Gegenwart

festzuhalten. Ich lerne gerade erst, wie ich das tun kann, aber ich muß mir Zeit lassen. Ich schreibe diesen Brief, weil ich meine Angst kenne, die Weiblichkeit, die ich gerade erst gefunden habe, wieder zu verlieren. Ich möchte, daß Du von meiner Entschlossenheit weißt, in den kommenden Jahren mehr über sie herauszufinden. Und ich möchte, daß Du meine Hoffnung kennst, dieser Prozeß möge mich Dir näherbringen.

P.S. Ich weiß, Du bist nicht meine Mutter.

Zurück aus den Bergen – Die Reise ins Alltagsleben integrieren

»Zurück aus den Bergen, kann ich niemanden finden, der mit mir um Mitternacht um ein Feuer tanzen will.«

Jeff, nach einem Männertreffen

Es ist Sonntagnacht, und das Wochenende ist vorüber. Ich bin sicher, die Männer, die nun in ihre Autos steigen, fühlen sich nicht anders als die, die ein einwöchiges Treffen auf dem Rose Mountain in New Mexico unter Führung meines Freundes und Partners Dan Jones besucht haben. Das Wochenende auf Marvins Ranch war so gut und so intensiv gewesen, daß die Rückkehr in die Stadt nicht nur schwierig, sondern für viele Männer richtiggehend deprimierend war.
Manchmal fühlen sich die Männer nach einem Männertreffen oder sogar schon nach zwei Stunden in einer Männergruppe ratlos und frustriert, weil sie anscheinend nicht in der Lage sind, ihre Erfahrungen und Erkenntnisse auch in ihrer Familie, ihrer Arbeit oder ihren Freundschaften umzusetzen. In den Bergen, in der Zurückgezogenheit des Wochenendes sind sie umgeben von Männern, die vollkommen engagiert und offen sind. Wenn sie in ihr Leben zurückkehren, treffen sie wieder auf dieselben Leute, dieselben Fallstricke.

Jeder, der sich bedingungslos auf eine Therapie eingelassen hat, weiß, wovon ich spreche. Wenn die Männer aus den Bergen kommen, tragen sie ein leuchtendes Feuer in sich. Ihre Heilung steht für sie oft an oberster Stelle und sie wünschen sich nichts sehnlicher, als ihr Leben mit ihrem neuen Ziel zu versöhnen. Sie wünschen sich, ein jeder möchte gewärmt werden, das Leuchten sehen und ihr Gebet hören. Doch die meisten können es nicht. Ihre Familienangehörigen und Freunde waren nicht dabei, und viele werden nie an einem solchen Treffen teilnehmen. Wenn dann die Tage des Feierns und der Wundheilung vorüber sind und der Abstieg in die Stadt, an den gestörten Arbeitsplatz, in die wechselseitige Abhängigkeit der Beziehung vollzogen ist, fragen sich viele Männer: »Waren meine Erlebnisse überhaupt Wirklichkeit? Warum kann ich nicht immer so fühlen? Warum können meine Frau und meine Kinder meine Freude nicht nachvollziehen? Warum kann mein Chef nicht an so einem Treffen teilnehmen? Warum hat mein Vater nie so etwas gemacht? Warum wird er es auch in Zukunft nicht tun?« Und wenn ein Mann jemandem, der nicht dabei war, von den Trommeln, der Schwitzhütte oder den Tränen erzählt, ist es nur allzu wahrscheinlich, daß er damit auf blankes Unverständnis stößt.
Wenn die Männer aus den Bergen herabkommen, halten sie ihre Schilde gesenkt, ihre Herzen sind offen, und sie wollen die Mauern zwischen sich und ihrer Umwelt niederreißen. Und dann kommen sie zurück zu einem Chef, der sich nicht im geringsten um sie kümmert, zu einer Freundin, die kein Bedürfnis nach Selbsterkenntnis verspürt, oder zu einem Vater, der ihren Stolz bricht, weil sie nicht »auf eigenen Beinen stehen« können. Und die Männer fragen sich, warum die Berge nicht in ihnen blei-

ben, in ihren Muskeln, Erinnerungen oder in ihrer Männlichkeit.
Wenn ich von einem Männertreffen zurückkomme, möchte ich weiter an glühenden Feuern tanzen und in der Nacht die Trommel schlagen. Ich kann nicht umhin zu bemerken, daß niemand in der Stadt ein Feuer macht und daß ich von den Tänzen um mich herum nicht viel verstehe. Und ich weiß, ich muß das Feuer und den Tanz in meinem Inneren erleben und die Unterstützung derer suchen, die wissen, die dort waren. Ich fühle mich wie Rilke, der schrieb: »Ich möchte bei denen sein, die geheime Dinge wissen, oder aber allein.« Ich muß darauf vertrauen, daß ich nach einer Weile meine Erfahrung integrieren kann und daß die Erinnerung daran meine Persönlichkeit bereichern und die Qualität meiner Beziehungen verbessern kann. Doch damit das wirklich eintritt und damit ich in der Zwischenzeit Unterstützung finde, ist es wichtig, mit Menschen zusammenzukommen, in deren Gegenwart ich mich mitteilen und wachsen kann. Denn erst wenn wir mit Menschen zusammen sind, die eine heilende Wirkung haben, können wir in die Berge zurückkehren. Ein Mann wird immer wieder in seine alten Fallen laufen, bis er weit mehr über Schilde und Schwerter gelernt hat und den Unterschied zwischen Mauern und Grenzen begriffen hat. Und diese Lektionen lernt er nicht an einem Wochenende oder in einer Woche. Es braucht viel Zeit, bis krank machende Menschen und Situationen ihm nichts mehr anhaben können. In der Zwischenzeit muß er Geduld haben mit denen, die noch nicht zum Aufbruch bereit sind. Und er muß dafür sorgen, daß er sich mit Menschen umgibt, die wissen, was er weiß. Vielleicht muß er sogar von seinem neuentdeckten Schwert Gebrauch machen und sich von schädli-

chen, unsolidarischen Menschen und Situationen in seinem Leben trennen.
Vor einigen Jahren löste ich die Beziehung zu einer Frau auf, die ich sehr liebte. Ich hatte sie seit Urzeiten gekannt, und diese Trennung war mit das Härteste, das ich je durchgestanden habe, beinahe so schwierig wie die Zeit, in der ich beschloß, meinen Vater und meine Mutter eine Weile lang nicht zu sehen.
Sosehr ich Linda liebte und sosehr sie mich liebte, sosehr sie auch behauptete, auch ihr läge nichts mehr am Herzen als ihre Heilung – uns trennte ein Abgrund. Der Abgrund war nicht in ihrem Kopf, sondern in meinem. Sie schien nicht willens zu sein, in ihre eigenen Wunden hinabzusteigen und sich mit ihren eigenen Problemen auseinanderzusetzen, und daher projizierte sie weiterhin viele davon auf mich und auf andere Menschen in ihrer Nähe. Ich mußte in dieser Phase meines Genesungsprozesses – auch heute noch – meine Heilung über alles und jeden stellen. Ich hatte mir selbst und zu vielen anderen Menschen zu lange mit meiner Gefälligkeit, meiner Bereitschaft zum Verzicht und meiner Selbstlosigkeit weh getan. Ich brauchte die Gewißheit, daß die Frau, mit der ich zusammen war, nie zulassen würde, daß ich oder die Arbeit oder das Geld, ja nicht einmal ein Kind, sich zwischen sie und ihren eigenen Heilungsprozeß stellen könnte. Wenn ein Mensch sich nicht für sich selbst engagiert, wie kann er sich dann für mich wahrhaft engagieren? Ich mußte mich von Linda lösen. Gott, wie ich litt, wie sie litt. Nahezu ein Jahr später lernte ich eine Frau kennen, die sich selbst genug liebte, um ihre Selbstfindung ganz obenan zu stellen. Und ich fühle mich bei ihr sicher genug, um ihr alles zu erzählen, sogar sicher genug, um das Feuer brennen und den Tanz anheben zu lassen.

Ein sicherer Ort für Seelen-Arbeit

Abgesehen von Berggipfeln gibt es nur wenige Orte auf der Welt, an denen ein Mann sich sicher genug fühlt, um das Gefühl für den Verlust des Vaters, den Verlust eines Arbeitsplatzes, für das Zerbrechen einer Beziehung, das Loch in seiner Seele zulassen zu können. Einer dieser Orte ist eine Männergruppe, die sich der »Seelen-Arbeit« verschrieben hat. Konfrontation und Konkurrenzverhalten, die in manchen Gruppen fortbestehen, verdecken nur die wahren Probleme, mit denen Männer sich auseinandersetzen müssen. In einer Seelen-Arbeits-Gruppe muß Sicherheit an vorderster Stelle stehen, denn die wenigen Male, da wir als kleine Jungen unser Herz jemandem öffneten, wurden wir zerbrochen und verletzt. Ein Mann braucht die Unterstützung der Gruppe, um zu diesen Orten hinabzusteigen und seinen Schmerz herauszulassen und vor anderen Männern auszubreiten.

Das ist sehr schwierig. Wenn Männer in eine Männergruppe gehen, dann fragen sie sich immer, ob andere Männer die Wahrheit sagen werden – so viele Männer haben sie schon angelogen, einschließlich ihres Vaters. Arbeiten die Männer, die die Gruppe leiten, auch an sich selbst? Viele Therapeuten tun das nicht. Werden die Helfer ihnen sagen, was sie zu tun haben und wie sie es tun sollen? Viele Männer sagen anderen Männern nur allzu bereitwillig, was sie tun sollen. Werden die anderen Männer davonlaufen, wenn sie ihnen die Geheimnisse beichten, derentwegen sie sich jahrzehntelang geschämt haben? Werden die Männer, die sich als Zuhörer versammelt haben, sie auslachen und sich über sie lustig machen, wie ihre Väter es so oft taten? Sie fragen sich, ob sie je wieder aufhören können zu weinen, wenn sie über all ihre Verluste und Verletzungen zu erzählen beginnen. Sie grübeln darüber nach, ob sie nicht zuviel Zeit für sich beanspruchen, wo sie doch ihrer Ansicht nach »soviel weniger« leiden als mancher andere. Sie haben Angst, sie könnten verschwinden, wenn sie sich mit ihren Vätern auseinandersetzen.

Mein Partner Dan arbeitet jede Woche irgendwie an sich und sitzt da wie der fleischgewordene Buddha, mit ebenso vielen menschlichen Eigenarten und Schwächen wie wir alle, aber auch voll des Mitgefühls für das, was diese Männer durchmachen. Er liebt sie. Sie lieben ihn. Dan und ich wachsen zusammen wie zwei unabhängige, aber gleichwertige Efeuranken, um dann wieder getrennte Richtungen einzuschlagen. Manchmal beendet einer die Gedanken und Sätze des anderen wie bei einem alten Paar, das sein ganzes Leben zusammen verbracht hat.

Zusammen sehen wir zu, wie Männer, zunächst nur langsam, in ihr Inneres hinabsteigen. Wir warten geduldig, während Männer die längste Reise machen, die sie je unternahmen – die vierzig Zentimeter von ihrem Kopf zu ihrem Herzen. Mit der Zeit werden diese Männer ein Modell für die Neulinge in der Gruppe, die noch Angst davor haben, ihre Probleme vor anderen Männern durchzuarbeiten. Und ich wachse bei jedem Zusammentreffen und liebe jeden einzelnen der Anwesenden. Nach sechs Jahren des Zusammenseins mit Männern, die als »Klienten« anfingen, kann ich zusehen, wie daraus Brüder und Mitmenschen werden, die mir ebensoviel, wenn nicht mehr geben als ich ihnen.

Jeder Mann in einer Gruppe hat Angst. Jeder von uns Leitern einer Männergruppe hat Angst. Die Angst schwindet in dem Maße, wie im Lauf der Zeit und nach geduldigem Abwarten das Vertrauen zu anderen Männern zunimmt.

Eine sichere Männergruppe kann das Netz bilden, in das man nach der Rückkehr aus den Bergen hineinspringt. Wie auch immer, die großen Treffen sind ein guter Anfang, und in der Kleingruppe konsolidieren Körper und Seele ihre Genesung.

Teil III

Die Heilung

Musik, durch die wir unseren Vater finden

»Rhythmus und Lärm. Es liegt Schrecken im Lärm, und in diesem Schrecken liegt auch Macht.«

Mickey Hart

Manche Trommeln bringen leise Töne wie weit entferntes Donnergrollen hervor, das in meine Brust dringt. Andere machen schrille Töne wie die Schmalzdosen, auf die ich als Junge einschlug. Es gibt so viele verschiedene Trommeln wie Männer: afrikanische Trommeln, selbstgemachte Trommeln, Bongos, Kongas, Big-Band-Pauken und Tamburine. Sie werden von Händen geschlagen, die noch vor wenigen Tagen Wertpapiere verkauften, Stechkarten stanzten, Zähne zogen oder Mülleimer hochhievten.

Bei jedem Wochenendcamp oder bei jedem Rebirthingtreffen setzt das Trommeln ein, wenn die bereits anwesenden Männer die Neuankömmlinge anfänglich zögernd, mit verlegenen und mißtönenden Klängen begrüßen. Die meisten Männer haben seit der Grundschule keine Trommel mehr angerührt und fragen sich, wozu das gut sein soll. Anfangs finden sie nicht zu ihrem eigenen Rhythmus. Wenn die Schläge sehr schnell und gehetzt werden wie der Pulsschlag der Städte, die die meisten soeben erst hinter sich gelassen haben, zweifeln sie an der Heilkraft der Trommeln.

Doch schon wenige Stunden später werden die Trommeln für die Männer, die sich diesen Klängen öffnen, zu einer Quelle der Macht und der Energie – was sie immer schon waren. Trommeln sind das beste Mittel, das ich kenne, um Mauern einzureißen und den Urschmerz aus dem Innern hinauszukatapultieren und brüllend in den Abendhimmel steigen zu lassen.

Je weiter das Wochenende fortschreitet, um so geübter werden die Trommler. Die Schläge kommen langsamer und werden kraftvoll und tief. Die Männer entwickeln sich von einer strukturlosen, hämmernden Herde zu einem engverbundenen Clan, der genau weiß, wann er beginnen und wann er aufhören muß. Die Männer können noch immer nicht sagen, warum sie trommeln, aber immer öfter sagen sie: »Wir wollen trommeln«, wenn etwas Machtvolles oder Bewegendes mitgeteilt wurde.

Zum Ende des Treffens hin ist das vorher disharmonische Trommeln zu einer donnernden Symphonie geworden, zu der wir tanzen, an der wir uns erfreuen und auf die wir zurückgreifen, wenn Worte nicht mehr ausreichen. Wenn wir Abschied nehmen, haben die Trommelklänge zur Heilung unserer Seelenkrankheit beigetragen und die Kluft zwischen Vätern und Söhnen, Müttern und Söhnen, Männern und Männern und Männern und Frauen zu schließen begonnen. Viele Männer haben das Gefühl, die synchronisierten Trommelschläge würden dafür stehen, daß das Leben lebenswert ist und die Erde allen Männern, Frauen und allem Getier, das kreucht und fleucht, gehört.

Nachts, wenn ich zu Bett gehe, höre ich die Trommeln in meinen Ohren hämmern, und es ist schwer zu sagen, ob sie nur ein Nachhall des Tages sind oder ob noch immer um zwei Uhr morgens Männer wach und im Wald sind und zu den Klängen einer Donnertrommel feiern. Ich höre beim Schreiben noch den Widerhall der Trommelschläge, und ich bin Mickey Hart, Michael Meade und Michael Harner dankbar dafür, daß sie mitgeholfen haben, die Trommeln wieder in den Heilungsprozeß und in meinen Körper zurückzubringen.

Auf der Suche nach dem Vater – Den Vater gehen lassen

Die Trommeln stellen einen Bezug zwischen Männern und ihrem männlichen Erbe her. Sie bringen eine endlose Klangkette hervor, die uns mit unserem Vater, dessen Vater und Generationen früherer Männer verbindet. Durch diese Verschmelzung mit ihrer tiefen Männlichkeit finden Männer den Mut, dem Gespenst ihres Vaters ins Auge zu sehen.

»Er steht hinter diesem Baum, sehen Sie? Schauen Sie ganz schnell hin. Er hat sich gerade geduckt. Nun ist er hinter dem Felsen dort. Ihr Vater ist irgendwo da draußen, und er kann nicht zu uns kommen. Er würde gerne, wenn er könnte, aber er kann es nicht. Sie müssen selbst hinausgehen und ihn suchen. Ziehen Sie einen Kreis, der groß genug für Sie beide ist, und lassen Sie ihn eintreten und sich hinsetzen. Bitten Sie ihn dann darum, still zu sein und Ihnen zuzuhören, während Sie ihm all das sagen, was Sie ihm schon immer sagen wollten, wofür er sich jedoch nie Zeit nehmen konnte oder wollte. Tun Sie, was nötig ist, um ihn in den Kreis zu locken, und lassen Sie ihn nicht wieder entkommen, bevor Sie ihm sagen, daß er gehen kann.«

Marvin Allen und ich stellen den Rahmen für dieses Zusammentreffen, und die Männer bringen ihre tiefe Sehnsucht, ihre Angst und ihren Mut mit, die Suche nach dem Vater fortzusetzen, die sie, wenn auch unbewußt, seit Jahrzehnten betreiben. Wir nennen diese Übung die »Suche nach dem Vater«.

»Einige müssen vielleicht einen Stock oder einen Ast aufheben und hart auf den Boden stoßen, um seine Aufmerksamkeit auf sich zu ziehen. Und manche müssen ihn vielleicht symbolisch gegen ihn erheben, um die Wut über all die Situationen herauszulassen, in denen er sich Ihrer Aufmerksamkeit mit Hilfe handfester Mittel versicherte: Gürtel, Ruten oder Schweigen.

Manchem genügt es vielleicht, in Gegenwart seines Vaters zu weinen, und mancher verspürt vielleicht den Wunsch, ihm zu sagen, wie sehr er ihn vermißt hat, wie sehr er ihm fehlte, wieviel er ihm bedeutet hat«, sage ich mit leiser Stimme.

»Was auch immer Sie tun oder sagen müssen, es ist in Ordnung, und Sie haben unsere volle Unterstützung«, ergänzt Marvin.

Langsam ziehen die Männer in die Wälder hinaus, auf die Felsen, zu den offenen Plätzen und ziehen ihre Kreise. Manche sind zuerst noch vorsichtig; andere nehmen ihren Geistervater auf der Stelle in Beschlag, und das Reden, Wehklagen, Weinen und Hämmern nimmt seinen Lauf. Es gibt für mich nichts Bewegenderes, als Männer beim Vollzug dieses Rituals zu beobachten. Sie haben sich endlich entschlossen, ihre Wut aus ihrem Körper herauszulassen und auf das wahre Objekt ihres Zorns zu richten, anstatt sie wieder gegen ein neues Objekt oder gegen sich selbst zu wenden. Die Männer haben sich in alle Himmelsrichtungen verstreut, aber sie alle konzentrieren sich auf den Vater, den sie nie hatten, nie fühlten, aber auch nie vergaßen.

Nachdem sie etwa eine halbe Stunde lang mit ihren Wunden konfrontiert waren, kehren die Krieger in den Kreis zurück und beginnen zu trommeln, und die Klänge und Bewegungen erlösen sie von aller verbliebenen Verzweiflung – ein Gefühl, auf das wir später noch zurückkommen werden. Das Schlagen der Trommeln ist wie ein Verband, der die noch blutenden Stellen umhüllt. Es ist kein Trauergesang um den Vater, sondern ein feierliches Lied, das lautet: »Jetzt endlich bin ich fähig zu fühlen, meine Wunden zu heilen und dem Vater, der das nie tun konnte, wahrhaft zu verzeihen.«

Schluß mit der Rolle des ewigen Sohns

Der vierzig Jahre alte Jason erzählte den um ihn versammelten Männern von einem nächtlichen Telefongespräch mit seinem Vater. Er war wieder in das Schema des »ewigen Sohns« verfallen, und sein Vater hatte sich auf die einzige ihm mögliche Weise um ihn gekümmert. Mit dem Begriff »ewiger Sohn« beschreibt Dr. Joseph Cruse, wie Männer immer weiter die Rolle des Sohnes spielen, ohne sich dessen bewußt zu sein; eine Rolle, die sie notgedrungen zu kleinen Jungen macht. Wenn Männer sich wie Söhne verhalten, verhalten ihre Eltern sich entsprechend, und am Ende haben die Männer die Schnauze voll, fühlen sich frustriert und klein. Vermutlich noch wichtiger ist, daß Männer, die sich ihren Eltern gegenüber nicht aus der Sohnesrolle lösen, das auch bei ihren Frauen oder Geliebten nicht können und so Beziehungsstörungen produzieren, die denen ihrer Kindheit in nichts nachstehen.
Jason war bereits mehrmals in seiner wöchentlichen Männergruppe in Tränen ausgebrochen, wenn er an seinen Vater dachte, der ihm nie zugehört hatte, wenn er ihm seine

Gefühle zeigte, der von Jason immer nur Leistung und nie Wachstum oder Emotionen erwartet hatte. Eines Nachts beschloß Jason, seinen Vater anzurufen: Er wollte seinem Vater vermitteln, was er gelernt hatte, und ihm von den Männertreffen erzählen, an denen er teilgenommen hatte. Für ihn war wichtig, daß sein Vater ihm zuhörte.

»Nun, das klingt ja ganz nett, mein Sohn. Ich bin sicher, die Zeit und das Geld, das du dafür ausgegeben hast, haben sich gelohnt. Wie geht's dir denn in deinem neuen Job?«

Der gönnerhafte Ton seines Vaters und sein offenkundiger Mangel an Interesse warfen Jason dorthin zurück, wo er vor all diesen Wochen der Arbeit an sich gestanden hatte; zumindest in diesem Augenblick verwandelte er sich wieder in den Sohn, der um die Anerkennung des Vaters buhlt, eine Anerkennung, die dieser ihm vor fünfundzwanzig Jahren sowenig wie jetzt geben konnte.

Als Jason uns erzählte, wie sehr er sich gewünscht hatte, daß sein Vater ihm zugehört hätte, blickte er mich mit den traurigsten Augen der Welt an und sagte: »Ich muß mich auch auf dieser Ebene von ihm lösen, nicht wahr? Ich muß mich von meinem Vater lösen, oder?«

In diesem Moment spürte ich, daß Jason endlich bereit war, die Sohnesrolle aufzugeben und sich der wachsenden Gruppe von Männern anzuschließen, die nicht länger gewillt sind, ihrem Bedürfnis nach Bemutterung durch ihre Mütter oder Väter nachzugeben. Daraufhin forderte ich Jason auf, seinem Vater zu sagen, wie es nun in ihm aussah. Und das sagte er dann:

»Papa, ich werde immer dein Sohn sein, und du wirst immer mein Vater bleiben, aber ich brauche dich nicht mehr als Vater. Ich muß aufhören, den ewigen Sohn zu spielen. Ich möchte, daß du mit mir sprichst wie mit einem Erwachse-

nen, ich brauche deine Achtung und deine Wertschätzung. Was ich nicht brauche, sind dein Geld, deine Ratschläge, deine Vorhaltungen, deine Kritik oder deine Grenzverletzungen. Ich möchte dich wie jemanden behandeln, den ich liebe und mit dem mich eine lange Geschichte verbindet. Aber ich muß eine neue Beziehung zu dir herstellen, und ich brauche deine Bereitschaft, mein Freund zu sein, so, wie ich bereit bin, zu versuchen, dir zuzuhören und zu meiner Wahrheit zu stehen, auch wenn sie dich schmerzt.
Ich erwarte nicht, daß wir diese neue Form des Zusammenseins über Nacht beherrschen werden. Ich weiß, daß ich nach neununddreißig Jahren von Zeit zu Zeit zurückfallen und mich wie ein Dreizehnjähriger benehmen werde, und ich weiß, ihr alle werdet handeln, als hätten wir noch 1960 und nicht 1990. Aber ich erwarte von dir, daß du bereit bist, mit mir einen Versuch zu wagen. Und wenn du dich gegen einen solchen Versuch entscheiden solltest, dann werden wir uns eine Weile lang nicht mehr sehen können. Ich weigere mich, deinen ewigen Sohn zu spielen. Lieber spreche ich überhaupt nicht mehr mit dir. Ich weiß, daß das alles eine Zeitlang schwierig und unangenehm sein wird, aber ich muß mich von dir lösen. Deine Art, mir Vater zu sein, hat oft Wut und Trauer in mir ausgelöst, und ich bin sicher, daß es mir immer wieder einmal so gehen wird. Aber ich weiß, daß es Zeit ist, dich loszulassen und zu sagen: ›Hör auf, Papi zu sein. Ich höre auf, den Sohn zu spielen.‹«
Jason und sein Vater schicken nun jeden Monat Tonbänder hin und her. Sie haben sich für dieses Medium entschieden, um einander zu zeigen, wer sie jetzt wirklich sind. Sie versuchen, Freunde zu werden.

Buße tun

Manchmal kommt am Ende eines Treffens oder einer Tagung ein älterer Mann oder ein Mann in mittlerem Alter zu mir, immer mit einer gewissen Feierlichkeit, mit leicht gebeugten Schultern, als ob eine Schuld ihn niederdrücken würde.

»Vieles von dem, worüber Sie an diesem Wochenende gesprochen haben, habe ich meinen Kindern angetan. Ich bin nicht für sie dagewesen. Ich habe sie geschlagen und ausgeschimpft. Ich habe ihnen angetan, war mir angetan worden war. Wie kann ich das je wiedergutmachen? Wie kann ich meine Fehler sühnen?«

Meine Antwort lautet dann immer: »Sie werden es tun, wenn Sie dazu bereit sind, wenn Sie es wirklich aus dem Bauch heraus wollen, nicht nur mit dem Kopf.« Diese Männer müssen warten, bis ihr Gefühl echt ist, auf den Augenblick, in dem sie keine Gegenleistung mehr erwarten. Auf den Augenblick, in dem sie es ihrer eigenen Heilung zuliebe und nicht ihren Kindern zuliebe tun. Sie müssen sich selbst genügend lieben, damit ihnen vergeben wird, und sie müssen bereit sein, sich selbst zu vergeben. Dann und nur dann sollten sie zu ihren Kindern gehen, ob sie zwei, zehn oder vierzig sind, die Hände sanft um ihre Gesichter legen und ihnen in die Augen sehen und sagen: »Bitte verzeih mir. Ich möchte mich dafür entschuldigen, daß ich dir weh getan habe. Es tut mir leid. Ich liebe dich.«

Und ich sage diesen Männern, sie sollten sich davon nichts erwarten, außer daß sie sich besser fühlen. Erwarten Sie nicht, daß Ihre Kinder Ihnen vergeben, daß sie Ihre Worte auch nur richtig aufnehmen; und vor allem erwarten Sie nicht, daß Sie durch eine Entschuldigung Ihre Fehler ungeschehen machen und die Wut oder die Furcht auslöschen könnten. Sie können ihnen nicht die Arbeit an sich selbst abnehmen; Sie können ihre Wunden nicht heilen, selbst wenn Sie zu einem großen Teil für deren Entstehung verantwortlich sind. Wenn das Ihr Motiv ist, dann werden die Kinder es wissen; und sie werden spüren, daß Sie nur ein weiteres Mal unwahrhaftig und herrschsüchtig sind.

Aber Sie können darauf hoffen, daß das Leben ihrer Kinder bis zu einem gewissen Grad und in einem gewissen Ausmaß danach anders sein wird. Denken Sie einmal darüber nach: Wenn Ihr Vater jemals zu Ihnen gekommen wäre, um Sie aufrichtig um Verzeihung zu bitten, was hätten Sie getan? Was hätten Sie gefühlt? Wären Ihre Wunden so tief und schmerzlich, wie sie es heute sind?

Und stellen Sie sich vor, ich würde in zwanzig Jahren meine Zuhörer fragen: »Wie viele unter Ihnen hatten Eltern, die an sich selbst gearbeitet haben, während Sie aufwuchsen; wie viele hatten einen Vater, der Wiedergutmachung leisten wollte?« Ihre Kinder werden dann die Hand heben, und die Zeit ihrer Heilung wird nur noch halb so lang sein.

Doch Ihr Vater hat diese Frage nicht gestellt. Höchstwahrscheinlich wird er es auch nie tun. Vermutlich verleugnet er weiterhin Ihren Schmerz wie den eigenen. Dann bleibt Ihnen nichts anderes, als selbst mit dem Verzeihen zu beginnen und sich von dem Wunsch zu befreien, er möge aus dem Grab auferstehen oder aus seiner Flasche herauskriechen oder die Zeitung hinlegen oder den Fernseher ausschalten und kommen, um Sie um Verzeihung zu bitten. Wahrscheinlich wird das nie geschehen.

Aber Sie wissen, daß Sie Trauer und Zorn spüren und mit Ihrem Leben weiterkommen. Und Ihre Kinder oder Nichten oder Neffen sind Zeugen dieses Heilungsprozesses. Vielleicht werden Sie ihnen am Ende eine Insel der Gesundheit in einem Meer von familiärem Chaos. Denken Sie daran, daß Sie damit eine gute Tat tun.

Mentor sein

Junge Männer, alte Männer, Männer in den besten Jahren – fast alle brauchen einen Mentor. Ein Mentor ist ein Mann (für eine Frau ist es eine Frau), der lehren, Mut machen und in dunkler Zeit eine Lampe hochhalten kann, ein Modell, das Sinn ins Chaos bringt.

Die meisten Männer hatten nie einen Mentor oder, wie Robert Bly es nannte, eine »männliche Mutter«. Sie hatten nie einen Menschen, der ihre Talente förderte und sie ermutigte, ihren Leidenschaften nachzugehen. Die Rolle des Mentors ist nicht mit der des Vaters oder Therapeuten identisch; ein Mentor fühlt und heilt nicht den Schmerz des jüngeren Mannes, seine Bestimmung ist es, die Neugier anzustacheln, Wissen zu vermitteln und Erfahrungen weiterzugeben.

Vor Jahren setzte sich Wayne Kritsberg, nachdem er mein erstes Buch, *The Flying Boy*, gelesen hatte, mit mir zusammen. Er empfahl es an seinen Verleger weiter und erzählte mir einiges über die Dinge, auf die ich mich von nun an einstellen sollte, und über die Honorare, die ich als Redner verlangen sollte. Er führte mich sehr umsichtig und ohne Konkurrenzdenken durch einen Prozeß, in dem ich ohne dieses Wissen untergegangen wäre.

Bill Stott, heute Mitautor zweier Bücher von mir, war mein Ratgeber beim Schreiben. Jahrelang las er meine alles andere als kunstvollen Ergüsse und gab seinen mehr konstruktiven als kritischen Kommentar dazu ab. Er half mir in den Anfangsjahren, als ich noch wenig Selbstvertrauen hatte und nicht in der Lage war, mich selbst zu stützen. Er teilte mir alles mit, was er übers Schreiben wußte. Er gab etwas von sich und seiner Geschichte preis, auf das ich mich beziehen und das ich verwenden konnte.

Ein Mann jedoch, der sich nicht von seinem Vater gelöst hat, der immer noch Sohn ist, wird seinen Mentor mißbrauchen; er wird sich verlassen fühlen, wenn sein Ratgeber nicht soviel Zeit mit ihm verbringt, wie er gerne möchte, oder seine Telefonanrufe nicht schnell genug erwidert. Ein Mann, der sich noch an den Vater klammert, den er nie hatte und sich immer wünschte, wird seine unerfüllten Bedürfnisse auf seinen Mentor projizieren.

Niemand sollte von seinem Mentor etwas anderes erwarten, als daß er ein Mensch aus Fleisch und Blut ist. Ein Mentor kann und soll nicht unser Vater, Heiliger oder Erlöser sein. Der Mentor, den Sie ausgewählt haben, ist auch nur ein Mensch und vermutlich ebenso wie wir mit der Heilung seiner eigenen Wunden beschäftigt.

Wir dürfen nicht vergessen, daß wir auf die Lehren, die Kunst, die Weisheit, das Wissen des Mentors angewiesen sind, auch wenn wir keinen Anspruch darauf haben. Wenn er uns daran teilhaben läßt, wird uns ein Privileg gewährt, und wir sollten uns geehrt fühlen. Wenn er sich von uns zurückzieht, können wir ihm nur nachtrauern – niemals können wir Forderungen stellen.

Vermutlich wird einmal der Augenblick kommen, in dem wir unsere Ratgeber fortgehen lassen müssen. Tatsächlich werden sie, wenn sie psychisch gesund sind, uns von sich aus einen sanften Stoß versetzen. Und wenn sie wirklich seelische Stärke besitzen und wenn Zeit und Umstände es erlau-

ben, dann werden sie eine neue Beziehung aufbauen wollen – als Gleicher unter Gleichen oder als guter Freund. Doch wir können nichts von beidem sein, solange unsere Vaterwunde nicht so verheilt ist, daß wir unseren Mentor gehen lassen können, und solange wir uns selbst nicht, bei aller Wertschätzung und Achtung für seine Person und das, was er für uns getan hat, als ebenbürtig sehen können.
Ich hoffe, daß die Älteren (nicht unbedingt an Jahren, aber an Erfahrung Reicheren) die Bereitschaft entwickeln werden, anderen Männern in ihrem Heilungsprozeß, beim Trommeln, bei der Buchhaltung oder beim Praktizieren als Mentor zu dienen. Und ich hoffe, daß die Männer, die nicht mehr »ewige Söhne« sind, andere Männer darum bitten werden, ihnen ein Mentor zu sein, auch wenn sie wissen, daß sie von einigen, vielleicht auch von vielen, ein Nein ernten werden. Aber irgendwann wird jemand in ihr Leben treten und ja sagen.

Wie man sich selbst Vater wird

Wenn die Männer einmal ihre Mauern niederreißen, sich von ihren Süchten befreien, trauern, ihre Macht und ihre Projektionen wieder in sich zurücknehmen, dann werden sie fähig werden, sich selbst Vater zu sein. Manche Männer haben einen weiten Weg vor sich, bevor sie für sich selbst – oder irgend jemand anderen – Elternfunktion übernehmen können. Sie sind nicht bereit, die Hände ihres Vaters freizugeben. Wenn sie den Prozeß der Ablösung in Angriff genommen haben, muß man es ihnen überlassen, wieviel Zeit sie dafür brauchen.

Doch viele Männer sind bereit, sich in der Kunst zu üben, an sich selbst Vaterstelle zu vertreten und diese Praxis in ihr Alltagsleben zu integrieren. Manche haben vielleicht Söhne und Töchter, die sich ebenfalls in dieser Kunst üben. Ich hoffe, diese Väter sind stolz auf ihre Kinder. Wieder andere lernen, ihre Rolle als ewiger Sohn abzuschütteln, während sie ihren erwachsenen Kindern das gleiche beibringen. Eltern, die ihre Kinder nicht freigeben können, ziehen beinahe immer Kinder heran, die ihre Eltern nicht loslassen können. Tausende von uns begreifen endlich, was uns das Programm der zwölf Schritte von Al-Anon seit Jahrzehnten lehrt: wie man in Liebe losläßt. Wir lernen, was die Selbsthilfegruppen erwachsener Kinder von Alkoholikern unter »sich selbst Vater und Mutter werden« verstehen.

Der innere Vater

Wenn wir uns immer mehr von dem Vater lösen, der unser Verhalten bestimmt und unseren Körper beherrscht, dann finden wir einen »inneren Vater«, der schon immer in uns gewohnt hat und nur darauf wartet, erkannt zu werden. So, wie es ein inneres Kind gibt, so gibt es auch einen inneren alten Mann. Manchem, der mit Haß auf das Wort »Vater« aufwuchs, mag es widerstreben, dieses innere Wesen »Vater« zu nennen – nennen Sie es, wie es Ihnen gefällt.

Ich persönlich nenne es den »guten Vater«, nachdem ich soviel Wut und Trauer um meinen eigenen Vater durchgearbeitet habe, und unterscheide es so vom anderen, »negativen« Vater, der noch immer um sein Überleben und seine Macht über mich kämpft.

Es dauerte Wochen, bevor ich nach der Trennung von meiner Freundin vor einigen Jahren die negative Kritik, mit der mein verinnerlichter negativer Vater (der Vater, der in meinem Kopf lebt) mich täglich bombardierte, zum Schweigen bringen konnte.

»Junge, du machst aber auch alles falsch. Man sollte meinen, du hättest es entweder inzwischen kapiert oder würdest die Finger von Sachen lassen und sie denen überlassen, die was davon verstehen. Das ist wohl ein schlechter Witz. Da machst du Workshops und schreibst Bücher über Beziehungen. Du solltest lieber eine ordentliche Arbeit annehmen ...«

Nach jeder Vorlesung und jedem Workshop gewann diese Stimme in mir die Oberhand: »Du hast vergessen, über Dingsda zu sprechen ... Du hast zuviel Zeit mit diesem und jenem verschwendet ... Du hast dich jämmerlich ausgedrückt ... Du hast nicht erklärt ...«

Ich mußte tief in mir graben, um diesen Vater loszuwerden. Ich setzte mich hin und sagte mir selbst beim Auseinanderbrechen der Beziehung: »Schau, du hast getan, was du konntest. Das nächste Mal wirst du es besser machen. Bis du wieder zu dir gekommen bist, wirst du mehr Erfahrung, mehr Wissen und mehr Zeit haben. Du bist ein liebevoller Mann, und du verdienst eine gesunde, liebevolle Beziehung.« Jetzt habe ich einen guten inneren Vater, der seinen Schild für mich erhebt.

Den guten Vater stelle ich mir wie einen treuen Krieger vor. Er bewacht das Königreich, in dem das innere Kind lebt, der Sohn des Königs. Manchmal kann der König das heilige Kind beschützen. Manchmal braucht der König selbst Schutz. Der gute innere Vater stellt sich vor die Pfeile, die aus vielen Richtungen herabprasseln.

Wenn ein Mann sich selbst wegen seiner Fehler mißhandelt, überläßt er dem negativen Vater die Herrschaft über sein Königreich. Wer das zuläßt, wird seine eigenen Kinder mißhandeln, wenn nicht körperlich, dann seelisch. Sich selbst mißhandeln ist nicht identisch mit der Übernahme von Verantwortung für sich oder die eigenen Handlungen. Der innere Vater, der uns liebt, egal, was wir tun, was wir leisten oder nicht, was wir werden oder nicht, ist der Vater, den wir uns in Fleisch und Blut wünschten. Dieser Vater ist eine Kraft, ein Archetyp, eine beständige, unerschütterliche Präsenz, die in unseren Knochen, in unserem Blut, in unserer Seele wohnt. Wir können mit ihm sprechen. Wir können ihn fragen. Er spricht auf vielerlei Weise zu uns. Manchmal durch andere Menschen, durch Selbsthilfegruppen, Männergruppen oder Bücher oder direkt zu uns mit mächtiger und doch sanfter Stimme, wenn wir still genug sind, ihm zu lauschen. Sie werden die Stimme erkennen. Sie kennt kei-

nen Tadel. Sie kritisiert nicht, erniedrigt nicht, predigt nicht, spricht nicht von oben herab. Sie poliert und putzt blank, als wären Sie eine seltene Münze; als wären Sie ganz und gar einzigartig – was Sie auch wirklich sind. Sie unterstützt Sie. Sie liebt Sie bedingungslos für Ihr bloßes Erscheinen auf der Erde. Sie führt mehr, als daß sie herrscht. Sie sagt Ihnen: »Ruh dich aus« und nicht: »Befördere endlich deinen faulen Arsch aus dem Bett und geh zur Arbeit«. Sie lehrt Sie, Ihre Familie und Freunde mehr zu lieben als das Geld.
Wenn wir unseren inneren Vater finden und uns vom leiblichen Vater lösen, hören wir auf, letzterem Vorwürfe zu machen und übernehmen die Verantwortung für unsere eigene Heilung, anstatt darauf zu warten, daß er sich ändert. Wenn wir die Stimme unseres inneren Vaters öfter vernehmen, dann sind wir auf dem besten Weg, uns selbst, die Natur, andere Menschen und Gott zu lieben.

Ein Anruf meines Vaters

Heute ist es ruhig. Der Regen will nicht so recht losprasseln, und so nieselt es nur. Mit meinen Tränen ist es an manchen Tagen nicht anders.
Als ich gestern von einem Vortrag und einem Workshop in Washington D.C. zurückkehrte, hörte ich meinen Anrufbeantworter ab und bemerkte zu meiner Überraschung, daß mein Vater angerufen hatte. Wir hatten nicht öfter als einmal in drei Jahren miteinander gesprochen, und auch dann nur einen kurzen Augenblick lang, denn er trank, und ich war entschlossen, nicht mit dem Alkohol, der seine Zunge führte, zu sprechen. Aus seiner Nachricht ging eindeutig hervor, daß er nüchtern und sehr traurig war. Er

sagte, er liebe mich und wünschte, die Dinge seien anders. Er sagte, er sei stolz auf mich.

Heute weiß ich, daß ich diese Stille brauche, um den Gefühlen, die der Anruf meines Vaters hat aufsteigen lassen, nachgehen zu können. Ich könnte auch auf der Stelle aufstehen, mich umziehen und mich in eine andere Stimmung bringen, indem ich ins Büro ginge. Dort könnte ich den Schmerz erfolgreich betäuben und müßte die Gefühle, die manchmal noch immer schwierig zu finden sind, nicht ergründen und nicht darüber nachdenken. Ich könnte mich auf die Probleme anderer stürzen und auf die Frage, wie andere Männer und Frauen ihre Gefühle blockieren. Heute nehme ich frei.

Ich muß eine Pause einlegen und zur Ruhe kommen, um die Einsamkeit wie einen Gast, mit dem ich Freundschaft schließen möchte, aufzunehmen und nicht einen Widersacher darin zu sehen, wie mein Vater es mir beibrachte. Weder mein Vater noch meine Mutter ertrugen es, ruhig sitzen zu bleiben und einfach dazusein. Wenn mein Vater von der Arbeit nach Hause kam, ging er geradewegs in den Hof, zu seinem Auto oder zu dem letzten Spielzeug, das er sich durch seine Überstunden geleistet hatte. Er arbeitete, bis es dunkel wurde oder bis zum Abendessen. Dann las er die Zeitung, bis er darüber einschlief. Auch meine Mutter blieb keine Sekunde lang sitzen, sie arbeitete bis spät in die Nacht hinein, spülte das Geschirr, machte sauber, hielt das Haus in Ordnung. Mit zwanzig konnte ich siebzig Stunden in der Woche arbeiten und war stolz auf mich. Nach Jahren der Therapie und Genesung fällt es mir nun viel leichter, bei mir und meinen Gefühlen zu bleiben.

Die meisten Männer üben sich unter dem allgemeinen Produktionsdruck in der feinen Kunst, ihren Gefühlen

durch unaufhörliche Betriebsamkeit aus dem Weg zu gehen. Die Männer, besonders die über dreißig, sind im Glauben an die Lehren ihrer Eltern aufgewachsen, die ihnen weismachten: »Es zeugt von Edelmut, sich selbst des Geldes wegen zugrunde zu richten, und Spielen ist etwas für Kinder oder Betrunkene. Müßiggang ist aller Laster Anfang.«
Ich bin froh über den Anruf meines Vaters. Ich bin froh, daß ich heute nicht zur Arbeit muß. Ich kann hart arbeiten, aber ich lerne, meinen Gefühlen auf die Spur zu kommen und nein zu sagen zu der Art, wie mein Vater und meine Mutter arbeiteten. Ich sitze einfach da und lausche auf die Geräusche der Flugzeuge über mir, auf die Vögel im Hof und höre, wie mein Atem meinem Körper entweicht und wieder in ihn zurückkehrt. Ich fühle ... was ... Ich weiß es nicht genau ... aber ich fühle. Ich lege meinen Stift hin und fühle einfach ...

Einander die Hände reichen – Männer helfen anderen Männern

Zu den wichtigsten Dingen bei einem Männertreffen gehört, daß Männer dort die Gelegenheit erhalten, andere auf liebevolle und helfende Weise zu berühren und selbst solche Berührungen zu erfahren. Das hat nichts mit dem gefühlsseligen Berührungskult mancher Encounter-Gruppen in den sechziger und siebziger Jahren zu tun, sondern es ist ein achtungsvolles Aufeinanderzugehen.

Wenn wir einem anderen Mann die Hände reichen oder ihn in die Arme nehmen und festhalten, wird er wahrscheinlich über Raum und Zeit hinweg die Hände seines Vaters fühlen, die er nie in die seinen nahm. Beinahe immer löst eine solche Berührung in einem Mann gleichzeitig Angst, Traurigkeit, Wut und Freude aus. Er hat Angst vor neuerlicher Verletzung, vor neuerlichem Verlassenwerden; er hat Angst, darauf zu vertrauen, daß der andere Mann wirklich für ihn dasein könnte – ohne daran Bedingungen zu knüpfen. Er ist traurig, denn in den Armen eines anderen Mannes fragt er sich: »Warum habe ich darauf so lange warten müssen? Warum habe ich dreißig oder vierzig Jahre lang gelebt, ohne mich an der Schulter eines anderen Mannes ausweinen zu können?« Er ist traurig, weil er wahrscheinlich seinen eigenen Söhnen und Töchtern beigebracht hat, daß man Männern nicht wirklich trauen kann, und er ist wütend, weil seine Mitmenschen beim Anblick von zwei weinenden und einander in den Armen haltenden Männern denken: »Mit einem Mann, der einem anderen seine Tränen zeigt und sich von ihm in den Arm nehmen läßt, stimmt etwas nicht.« Er ist wütend, weil das Bedürfnis nach dem Trost einer asexuellen Berührung durch einen anderen Mann mit so vielen Mißverständnissen und Schuldgefühlen belegt wird.

Und schließlich ist er froh über die endlich gewonnene Sicherheit, die es ihm ermöglicht, seine Gefühle in Gesellschaft anderer Männer zuzulassen und zum Ausdruck zu bringen. Er ist froh darüber, daß er trotz seines jahrzehntelangen Wartens, trotz all der verschütteten, im tiefsten Innern verborgenen Trauer nicht abgestorben ist. Er ist froh, weil er nicht wie sein Vater einfach so tat, als ob er keine Unterstützung von anderen Männern nötig hätte. Er kann geradezu von einem Gefühl der Ekstase erfaßt werden, weil er seiner Heilung zusammen mit anderen Männern, die das gleiche Ziel haben, näherkommt.

Vor kurzem sagte ich in einem Workshop: »Männer wollen und brauchen es, von anderen Männern auf eine asexuelle, tröstliche Weise in den Armen gehalten zu werden.« Da begannen Roberts Tränen zu fließen.

Sein Kopf ging bei jedem Wort auf und ab. »Wer möchte zu mir kommen und einen Versuch mit mir machen?« fragte ich die Menge von zweihundert Männern, blickte dabei aber direkt auf Robert. Er hob sofort die Hand.

Ich setzte mich auf einen der Heuballen, die das Feuer umgaben. Ich schlug mit der Hand auf mein Knie. »Hauruck, herauf zu mir.« Ohne eine Sekunde zu zögern, kam er hoch und setzte sich auf meinen Schoß. Und sowie ich meine Arme um ihn legte, begann er zu weinen. Dieser ein Meter achtzig große Mann mit einem zehn Zentimeter

langen Bart, der seine eigene Landschaftsgärtnerei leitete, weinte wie ein vierjähriger Junge.
Den meisten Männern wurde beim Zusehen klar, daß auch sie sich dasselbe von ihrem Vater, ihrem Onkel oder ihrem großen Bruder gewünscht und daß sie vergeblich darauf gehofft hatten, sie würden auch an die Reihe kommen. Viele von ihnen weinten mit. Ohne jeden Zweifel hatten sie sich tausendmal in ihrem Leben danach gesehnt, bei jemand anderem als einer Frau, einer Geliebten oder einer Mutter Halt zu finden.
Frauen wissen, daß die Männer, die sie lieben, körperliche Zuwendung brauchen, auch wenn die Männer selbst noch unsicher oder nicht davon überzeugt sind. Frauen wissen das, weil auch sie die körperliche Zuwendung ihres eigenen Geschlechts brauchen, nur sind sie seit langem schon fähig, sich Hilfe zu holen. Es ist nichts Ungewöhnliches, daß eine Frau Zuflucht in den Armen einer anderen Frau sucht. Die Frauen wissen, wieviel Hilfe und Erleichterung sie daraus ziehen können.
Den Männern hat man beigebracht, daß nur ein zutiefst gestörter Mann den Wunsch hat, von einem anderen Mann umarmt zu werden. Das ist nicht wahr. Es war nie wahr. Wenn ein Mann sich von einem anderen Mann umarmen lassen kann, findet er Linderung für seine Schmerzen, und seine Wunden heilen ein Stück weit.
»Wie fühlt sich das an?« fragte ich Robert, als seine Tränen nachließen. »Wunderbar. Ich fühle mich wunderbar.« »Dann steh auf, jetzt komm ich an die Reihe«, sagte ich. Wir umarmten uns, und ich setzte mich einige Minuten lang auf seinen Schoß.

Für Freunde dasein

Heute morgen sah ich einen Kolibri, der bewegungslos dasaß und aus einem Brunnen trank. Nie zuvor hatte ich einen Kolibri gesehen, der nicht wie wild mit den Flügeln schlug und von einer Blüte in die nächste schoß.

Ich habe zwei Freunde, die ich seit Jahren kenne. Ich liebe sie wie Brüder. Ich habe viel Zeit mit ihnen gemeinsam verbracht, und ich habe es kaum je erlebt, daß sie ruhig waren. Sie sind beide auf der Flucht vor ihrem Körper und ihrer Verletztheit, obwohl sie alles über Heilung lesen, was ihnen in die Hände fällt. Einer probiert sogar alle möglichen Therapien und New-Age-Methoden aus, um dann nach einem Monat die nächste Mode und brandneue Masche mitzumachen. Der andere unternimmt gar nichts, überzeugt, nichts könne ihm wirklich helfen.

Ich kenne sie beide seit etwa elf Jahren, und ich habe ihr Bewußtsein wachsen sehen. Gleichzeitig sah ich, wie ihr emotionaler Körper immer kleiner wurde. Ich halte es nur schwer aus, mit einem von ihnen länger zusammenzusein, denn das Flügelschlagen, ihres wie meines, wird laut und ermüdend. Mein emotionaler Körper ist noch immer klein, ich flüchte mich noch immer bereitwillig in meinen Kopf und bin noch immer imstande, vor meinen Gefühlen wegzufliegen.

Mit dem einen dieser Freunde unterhalte ich mich sofort über Geschäfte, Projekte, Gehälter oder andere Leute. Mit dem anderen geht es um Politik, Philosophie, die Medien oder das Chaos auf dem Planeten. Mit anderen Worten: Kaum haben wir uns zur Begrüßung umarmt, stürzen wir uns in unsere Köpfe und verstecken uns dort bis zum Abschied.

Ich habe noch zwei andere Freunde. Ich kenne sie ungefähr genausolange und liebe sie mehr, als ich ausdrücken kann. Der emotionale Körper des einen wächst jedes Jahr. Er arbeitet daran. Er hegt und pflegt ihn. Er drängt weder sich noch mich, ihn aufzublasen. Es ist einfach so, daß er nicht nur denken, sondern auch fühlen will. Er hat keine Angst, in den Schmerz und die Wunden tief in sich hinabzusteigen, und deswegen fühle ich mich sehr wohl, wenn ich in seiner Gegenwart selbst das Bedürfnis dazu verspüre.

Wir sprechen auch über Dinge, über die ich mich mit meinen anderen Freunde unterhalte, aber auch unsere Seelen kommunizieren miteinander in einem Maße, wie ich es nur selten bei Männern erlebt habe. Mit ihm kann ich weinen, traurig sein, wütend werden und das genesende Kind eines Alkoholikers sein, das seine Männlichkeit wiedergewinnt, und dabei gleichzeitig ein manchmal trauriger oder fröhlicher Mann mit guten und schlechten Phasen sein.

Aus diesem Grund verbringe ich die schwierigsten Zeiten des Jahres, wie etwa Weihnachten, mit ihm. Er hält diese Feiertage für ebenso irrsinnig wie ich, und durch die Ehrlichkeit, mit der er seine Gefühle zum Ausdruck bringen kann, vermittelt er eine Sicherheit, in der ich mich am heiligen Charakter des Fests erfreuen kann, das in meinen Augen auch eine Feier der Freundschaft ist.

Auch der andere sichere Freund arbeitet kontinuierlich an sich selbst und besucht Männergruppen und -treffen. Wir gehen zu Zwölf-Schritte-Meetings und treffen uns einmal wöchentlich zum Essen, um uns auszutauschen. Er ist gleichermaßen sanft wie kraftvoll, und seine Gefühle sind immer zugänglich. Er bewegt sich mühelos vom Kopf zu seinem Herzen. Wenn er mich umarmt, kann ich seine Freude und seinen Kummer spüren, die nach meiner Umarmung und meinem Mitgefühl verlangen.

Diese beiden Männer, die sich bedingungslos ihrem Heilungsprozeß verschrieben haben, dringen tiefer in ihr Inneres vor und sind fähig, auch bei den Menschen, die sie lieben, tiefer zu gehen. Mit den anderen beiden habe ich einen Grad an Nähe erreicht, der zumindest im Augenblick nicht zu vergrößern ist. Es macht mich traurig, wenn ich sehe, wie oberflächlich wir in unserer Zuneigung bleiben. Doch auch wenn wir nicht tiefer gehen können, mindert das meine Liebe zu ihnen nicht. Aber ich fühle mich in ihrer Gegenwart nicht so sicher, daß ich länger mit ihnen zusammensein könnte, und wenn ich sie verlasse, bin ich mir immer dessen bewußt, daß sie ein Spiegel meiner selbst sind und mich an all die Arbeit erinnern, die noch vor mir liegt. Wenn ich sie verlasse, sehne ich mich ebensosehr nach mehr Nähe und Intimität wie beim Abschied von meinem Vater nach einem Besuch, bei dem zwei Seelen einander nur selten berührten.

Früher gab ich diesen Männern wie auch meinem Vater immer gute Ratschläge. Heute versuche ich, sie einfach zu lieben und nichts von ihnen zu erwarten, was sie nicht geben können. Ich versuche, in ihrer Gegenwart in meinem Körper zu bleiben, aber das fällt mir schwer, denn ich habe lange Zeit in dem Bereich zwischen meinen Ohren gelebt und halte mich noch immer mehr dort auf, als mir lieb ist. Ich weiß, diese Männer stehen genau am vorgegebenen Platz ihrer eigenen Entwicklung, und wie der Kolibri werden sie eines Tages innehalten und ruhig sein. Ich werde sie sehen und ihren wachsenden emotionalen Körper fühlen und mit ihnen von Herz zu Herz anstatt von Kopf zu Kopf sprechen. Wir werden zusammen um all die Zeit trauern, die wir auf weniger befriedigende Weise zusammen verbracht haben, und die verlorene Zeit wiedergutmachen, indem wir wirklich zuhören und von Dingen reden, die nicht nur Sinn ergeben, sondern auch verwundete Seelen heilen.

Die Jahreszeiten im Leben eines Mannes – Ritual und Trauer

Manchmal gibt es in den heißesten Stunden des Tages, mitten im trockenen, scheinbar endlosen Sommer von Texas, einen Augenblick, in dem sich herbstliche Gedanken und Gefühle einstellen. Mitten in einem Moment größter Traurigkeit bricht Freude auf. Und in der Freude, in ihrem innersten Zentrum, liegt wieder Traurigkeit. Im Zentrum einer jeden Jahreszeit im Leben eines Mannes liegt eine andere Jahreszeit vergraben und verborgen. In den Falten des Babygesichts scheint, wenn man nur genau hinsieht, die Weisheit des Alters auf. Und im gealterten Gesicht eines Achtzigjährigen erkennt man manchmal sekundenlang die Unschuld des Babys. Der Heranwachsende steht verlegen, ohne es zu wissen oder wissen zu wollen, vor seiner zukünftigen Midlife-crisis.

Im folgenden möchte ich einige Gedanken, Gefühle und ein paar Tatsachen über die Jahreszeiten im Leben eines Mannes aufführen.

Unsere Gesellschaft bietet uns kaum äußere Erkennungsmerkmale dafür, wie Männer (oder Frauen) die Zeit durchlaufen. Sie bietet uns kaum Unterstützung in dem Alterungsprozeß, dem wir alle unterworfen sind. Manche Männer in diesem Land altern mangels solcher Richtlinien vorzeitig; andere werden nie erwachsen. Wieder andere schlängeln sich durch die Wege des Lebens wie ein betrunkener Autofahrer, der nur darauf wartet, daß er zum Anhalten gezwungen und endlich verhaftet wird, weil er »nicht weiß«, wie man ein Mann wird. Die Männer wissen im allgemeinen nicht, wie man in Würde alt wird, und sie wissen nicht, wann sie loslassen sollen. Sie wissen nichts von dem alten Eskimo, der auf seiner Eisscholle saß und die Verbindung zu seinem Volk durchtrennte, um in die verschneite Stille hinauszusegeln, weil seine Zeit gekommen war, weil er die Jahreszeit erkannt hatte.

Vier Jahreszeiten durchlaufen wir: Kindheit, Jugend, Erwachsenenalter und schließlich das Alter. Jede Jahreszeit, die wir achtlos vertun, die wir nicht durchleben, die wir nicht betrauern und wieder loslassen, wird unser Herz »anfallen«, unseren Rücken schmerzen lassen, unsere Schultern hinabziehen und unsere Heiterkeit hinwegfegen. So, wie wir uns an unseren Körper wieder erinnern müssen, so müssen wir auch die Jahreszeiten beachten und sie respektieren, indem wir darüber sprechen, sie verstehen und schließlich ihre Vergänglichkeit und damit auch die unsere akzeptieren.

Mit Freuden vierzig werden

Wenn Sie dieses Buch lesen, bin ich vierzig oder älter. Manche Männer haben solche Angst vor einer Vier vor der Null, daß sie einen Schock erleiden und mit Hilfe von Verleugnung und einer Reihe von Betäubungsstrategien ihren Eintritt in die zweite Hälfte des Lebens abzumildern suchen. Man kann das als Verrücktheit der Lebensmitte bezeichnen oder als hirnlose Tollheiten der Midlife-crisis.

Einer der vielen Gründe, warum Vierzig für einen Mann ein so hartes Alter ist, auch wenn die meisten sich über dieses

Thema ausschweigen, ist wieder einmal unsere Unfähigkeit zu trauern.

Und zu den Dingen, die wir am widerstrebendsten eingestehen, gehört das Schwinden des Verlangens, der Verlust von Körperteilen und Körperfunktionen. Dabei ist das der entscheidendste Verlust, den wir in dieser Phase unseres Lebens erleiden.

Jeder Mann zieht gerne die Blicke einer Frau, insbesondere eines jungen Mädchens, auf sich. Sie können das Eitelkeit oder Selbstverliebtheit nennen, aber eigentlich ist es etwas ganz Natürliches. Wir alle wollen gerne angesehen und bewundert werden und anderen gefallen.

Als ich mit Anfang Dreißig am College lehrte, schien mir das Alter zwischen neunzehn und vierundzwanzig schrecklich jung; aber ich kann Ihnen versichern, daß es mich nicht im geringsten verletzte, wenn eine Frau diesen Alters mich ansah, mich anstarrte oder mir zublinzelte.

Bevor ich mich auf die Suche nach mir selbst begab, bevor ich halbwegs gesund war, ging ich auf die gelegentlichen Angebote jüngerer Frauen ein, solange es keine Studentinnen waren. Diese Erlebnisse oder das pure Verlangen beflügelten die sexuellen Phantasien, die ich mir auf meinem inneren Bildschirm vorspielte.

Vor kurzem sah mich eine hinreißende Frau Mitte Zwanzig in einem alles enthüllenden Bikini in einer Weise an, wie mich seit Jahren kein Mensch mehr angesehen hat. Jeder Mann und jede Frau in der Nähe sahen sie. Am liebsten hätte ich mir zur Vergewisserung von jedem eine eidesstattliche Versicherung geben lassen. Mein Freund Jim, der neben mir stand, brachte nur mit größter Mühe die Worte heraus: »Wer ist d-d-das? Hast du gesehen, wie sie dich angeschaut hat?«

Vier Sachen gingen in mir vor: 1. Ich war geschmeichelt und dankbar für diesen umwerfenden Blickkontakt. 2. Ich fühlte mich auf der Stelle ein wenig frustriert und war höchst neugierig, warum sie mich ausgerechnet jetzt auserwählt hatte. 3. Ich registrierte mit Verwunderung, daß ich so wenig Verlangen in mir verspürte, daß ich es bei einem freundlichen »Hallo« und einem Lächeln bewenden ließ. 4. Ich trauerte über den Verlust meines Verlangens und fand mich mit meinem mittleren Alter mit mehr Würde und Anmut ab, als ich mit Dreißig je für möglich gehalten hätte. Und die Trauer, die mich an diesem Tag und teilweise noch am nächsten begleitete, half mir, vorbehaltloser von meinem dritten und vierten Lebensjahrzehnt und von den dazugehörigen Verhaltensweisen Abschied zu nehmen – von der Ruhelosigkeit, den Begierden und der Einsamkeit.

Mit jedem Jahrzehnt überzieht der Verlust den Körper eines Mannes, zeichnet um seine Augen neue Linien, fügt seinem Bauchumfang Zentimeter hinzu und läßt die immer schmaler werdenden Schultern sinken. Wenn ein Mann nicht die Trauer über jeden Wandel, jedes Vorübergehen in sich zuläßt, kann er nicht aus ganzer Seele in die Gegenwart eintreten. Immer wird die Vergangenheit an ihm ziehen und zerren.

Vor einiger Zeit ließ ich mir einen Zahn ziehen. Es tat fast nicht weh, und dennoch blickte ich am Abend auf den Zahn und weinte. Wo früher ein Teil meiner selbst war und nie wieder sein würde, war ein Loch in meinen Mund. Ein Teil meines Körpers ist weg. Das klingt vielleicht nebensächlich, aber für mich hat es einen hohen Symbolwert und ist Vorbote zukünftiger Jahrzehnte. Ich trauere um einen Zahn, der ein Loch zurückläßt, um eine Jugend, die schnell entschwindet.

Kürzlich blickte ich in meinem Fitneßklub in den Spiegel. Ich saß in einem Winkel und einer Position, daß ich die Brust, die ich sah, zunächst nicht für meine hielt. Sie mußte meinem Vater oder Großvater gehören. Sie war faltig und runzlig wie ein Stück Stoff, das man nur als abgenutzt bezeichnen konnte. Einen Augenblick lang stieg in meiner Brust Traurigkeit auf und strömte aus meinen Augen.
Wenn ich erst einmal über das Loch, das das entschwundene Verlangen hinterlassen hat, über das Loch in meinem Mund, über meine leicht gefältelte und runzlige Brust getrauert habe, dann bleibt mir noch in Hülle und Fülle Raum für eine schöne, lebendige, sinnliche, sexuell attraktive, kluge Frau, genug, um voller Erwartung, Elan und Energie in mein fünftes Lebensjahrzehnt zu treten.
Die Energie, die ich durch die Verleugnung dieser Gefühle gebunden hätte, ist frei verfügbar zum Leben und Fühlen. Und während ich diesem Lebensabschnitt Lebewohl sage, stehe ich an der Schwelle meiner zweiten Lebenshälfte und rufe laut »Hallo«, denn ich weiß, daß mein Echo auf ewig widerhallen, zu mir zurückkehren und mich immer von neuem grüßen wird, auch wenn sonst niemand meinen Gruß erwidert.

Das Alter ehren: Bilder von Treffen und Versammlungen

Jim kam am frühen Freitagnachmittag am Ort des Treffens an. Er war in Hochstimmung, und sein Vater stand neben ihm. Jim war seit etwa vier Monaten in Therapie. Er war vierundzwanzig. Sein Vater hatte nie eine Therapie gemacht oder an einer Selbsthilfegruppe teilgenommen, und er war fünfundsechzig Jahre alt. Weder er noch sein Sohn war je zuvor bei einem Männertreffen dabeigewesen.

Mr. Waitman bildete einen starken Kontrast zu seinem Sohn. Jim, ein distanzierter Mann, war kräftig gebaut, hatte blondes Goldhaar und blaue Augen. Sein Vater war schmal und von Zeit und Verantwortung gebeugt. Seine Haare waren grau, seine Wangen eingefallen, aber in seinen Augen leuchteten Neugier und Interesse.

Beide stellten ihr Lager auf und begaben sich unabhängig voneinander auf die Reise in ihre eigene Vergangenheit und die des anderen. An diesem Abend saßen sie eng beisammen im Kreis um das Lagerfeuer. Beide schlugen Trommeln und hörten zu, als Marvin und ich unsere Begrüßungsansprachen hielten, die den Männern den Zugang zu ihrem Körper eröffnen sollten.

Samstagmittag, nach einem Morgen voller Geschichten und Anteilnahme und nachdem wir den Schmerz aus unseren zwiebelartigen Erinnerungen herausgeschält hatten, machten wir eine Pause. Jim kam zu Marvin und sagte: »Ich möchte euch Jungs für alles danken. Es war großartig für meinen Vater und mich. Ich habe wirklich eine Menge daraus gelernt, aber ich habe mich entschlossen, in die Stadt zurückzufahren, weil ich dringende Dinge erledigen muß, also werde ich mich jetzt auf den Weg machen.« »Sind Sie sicher, daß Sie das Richtige tun?« fragte Marvin Jim, als er uns zum Abschied beide umarmte. »Was ist mit Ihrem Vater?« fragte ich. »Ach, der bleibt noch hier. Er hat eine Rückfahrgelegenheit mit einem anderen Mann. Er ist ganz begeistert von allem, aber ich muß wirklich in die Stadt zurück und meine Freundin sehen. Tschüs – danke.«

Mr. Waitman war seines Sohnes wegen mitgekommen. Doch für Jim war die Zeit noch nicht reif. Mr. Waitmans Zeit, zu

fühlen, was er fühlte, und über alle Verluste seines Lebens – vielleicht sogar über den Verlust seines Sohnes – zu trauern, war schon seit langem angebrochen.
Mr. Waitman weinte viel an diesem Wochenende: Er war fünfundsechzig und öffnete sich wie eine Blume, zitterte wie ein Schilfrohr im Wind und war so engagiert wie jeder andere Anwesende. Vielleicht wird sein Sohn zurückkommen, vielleicht auch nicht. Aber Mr. Waitman wird nie wieder derselbe sein, und wir auch nicht. Seine Anwesenheit – und seine Bereitschaft zu bleiben – berührte uns alle und hinterließ einen bleibenden Eindruck und Neid auf einen Sohn in uns, dessen Vater nicht nur mit ihm gekommen war, sondern auch noch geblieben war, als er selbst schon gegangen war. Wir verehrten ihn.

In Santa Fe verehrten wir einen anderen alten Mann. Mr. Brown war siebzig. Sein Sohn Luke war dreißig und schwul. Die meisten Männer bei unseren Treffen sind zwischen dreißig und fünfundvierzig und in der Regel heterosexuell, wenn auch immer mehr schwule Männer Beziehungen zu denen von uns knüpfen, die die individuelle sexuelle Ausrichtung des einzelnen respektieren. Mr. Brown war ein ehrbarer Mann, gläubiger Christ, sehr konservativ und ein Mann mit Familiensinn, der seinen Sohn genug liebte, um mit ihm an diesem Treffen teilzunehmen. Durch seine Anwesenheit verkündete er hundertdreißig Männern und seinem Sohn unmißverständlich, daß er ihn liebte, obwohl er schwul war. Wir alle waren tief gerührt von der Anmut, die er in den Beziehungen zu jedem von uns an den Tag legte. Er nahm an sämtlichen Übungen teil, kampierte am Boden in einem Zelt, stand morgens auf, ohne sich schlechter zu fühlen als wir anderen, und sah dabei besser aus als

mancher andere. Er trommelte, er tanzte, und er weinte. Doch die meiste Zeit über hatte er ein wissendes Lächeln auf den Lippen, das wohl nur denen zuteil wird, die siebzig Jahre und mehr leben und lernen, das Leben und seine Söhne so zu akzeptieren, wie sie sind.
Er war bis dahin der älteste Teilnehmer an einem unserer Treffen. Jedesmal wenn ich ihn umarmte und ihm für seine Anwesenheit dankte, spürte ich, wie die Arme meines Großvaters sich mir aus dem Grab entgegenreckten und mich eng an seine Brust zogen. In der Verehrung von Mr. Brown trauerte ich über den Tod meines Großvaters.

Mr. Percy hatte so schlohweißes Haar, daß Baumwolle vor Neid erblaßt wäre. Er war Wissenschaftler, ein Suchender aus Berufung und mit seinen fünfundsechzig noch auf der Suche nach Heilung. Als die jüngeren Männer den Älteren ihre Hochachtung erwiesen, wie wir es immer tun, brach seine Stimme, und seine Augen glänzten feucht. Es war offensichtlich, daß er über sein Kommen glücklich war.
Ich war über seine Anwesenheit ebenso froh wie er selbst. Wenn ich die Zeremonie durchführe, in der den Männern über fünfzig in Anlehnung an Bly Anerkennung bezeugt wird, lasse ich mich immer tief auf meine eigene Geschichte, auf mein eigenes unaufgearbeitetes Vaterproblem ein. Ich entferne mich zwar nie sehr weit von der Rolle des Katalysators, aber ich überlasse mich mehr den Schwingungen des Augenblicks, die mich dem Geist meines Vaters in der Gegenwart und dem Geist meiner Großväter in der Vergangenheit näherbringen.
Ich bitte die etwa zwanzig Männer an einen Ehrenplatz und fordere sie auf, solange sie wollen zur Gruppe zu sprechen. Die meisten sind gewöhnlich so überwältigt, daß sie nur ein

paar Minuten reden. Einige weinen, weil sie sich bis zu diesem Augenblick noch nie als Ältere gesehen haben oder weil sie nicht geglaubt hatten, genug zu »wissen«, um ihres Alters wegen geehrt zu werden. Manche blicken verwirrt, weil sie sich selbst noch immer als »kleine Jungen« sehen, die sich mit ihrem Vater herumschlagen. Nicht wenige fühlen sich schuldig und sagen das auch. »Ich habe es nicht verdient, hier zu sein«, sagte Mr. Jackson. »Ich habe nichts Besonderes vollbracht. Ich habe meine Kinder verletzt, meine Frau enttäuscht.« Er hielt einen Augenblick inne. »Aber vielleicht habe ich es ja doch verdient. Ich habe den Alkohol überlebt, Krankheit, zwei Scheidungen und einen Konkurs. Vielleicht gehöre ich wirklich hierher.«

Jedesmal denke ich bei der Zeremonie der Ehrung für die älteren Männer, ich könnte dabei unbeteiligt bleiben. In Wahrheit aber habe ich einen Kloß im Hals, sobald wir sie aufrufen und sie sich hinsetzen. Diese Männer sind fünfzig und älter und noch immer willens, um ihr Leben zu kämpfen und um die Jahrzehnte des Schmerzes zu trauern, der nach so langer Zeit mühelos ignoriert oder betäubt werden könnte. Diese Männer haben nicht aufgegeben. Immer bin ich bewegt, weil sie auch kommen, um mir zuzuhören und mit mir zu arbeiten, wie mein Vater es nie tat. Und sie sagen mir immer, sie wären »stolz« auf mich, was mein Vater nie über die Lippen brachte, als ich noch klein war. Ich treffe mit älteren Menschen zusammen, etwas, das ich sonst nur selten tue, weil wir in einer nach Altersstufen getrennten Gesellschaft leben.

Mr. Percy kam nach der Zeremonie, nackt von der Taille aufwärts, zu mir, und wir umarmten einander. Ich berührte seine lederne, lose Haut, blickte in seine weisen Augen und weinte, denn plötzlich wurde mir bewußt, daß wir alte Menschen nicht einmal annähernd genug anfassen noch uns von ihnen anfassen lassen. Wir sehen nie die Körper alter Männer, und so wissen wir nicht, was wir von unserem eigenen zu erwarten haben, wenn die Jahre ihn zeichnen. Wir können auch keinen Nutzen aus ihrer in Jahrzehnten gewonnenen Weisheit ziehen. Mr. Percy und ich umarmten einander – ein alter Mann und ein Mann, der älter wird – und weinten. Dann tanzten wir ausgelassen miteinander. Später bat ich ihn, sich neben mich zu setzen; wir hielten uns an den Händen und tauschten Blicke aus, die von einer Art der Liebe sprachen, nach der alle Männer sich sehnen – ein tiefer Sinn liegt darin, der unser Leben erfüllt, wenn ältere Menschen mit jüngeren in Berührung kommen. Ich bin dankbar für diese alten Männer. Ich bin stolz, sie zu berühren.

Manchmal sehe ich in ihrem Gesicht das meines alternden Vaters, und Trauer überwältigt mich. Und im gleichen Augenblick feiere ich die Nüchternheit, den Erfolg und die Gesundheit dieser Männer. Und ich bin verdammt froh und fühle mich tief geehrt dazuzugehören. Danke, Mr. Percy aus Little Rock.

Nach der Ehrung der Älteren versammeln die Männer sich auf einer Lichtung auf einem Feld, wo das Gras ihnen bis zu den Waden reicht; sie gehen einem Initiationsritus entgegen, auf den die meisten ihr ganzes Leben lang gewartet haben.

Es ist Sonntagnachmittag und kühl in New Mexico. Sie sind müde und wirken leicht angespannt, als Marvin in seiner Einführungserklärung die Bühne vorbereitet für eine Zeremonie, von der sie nie gehört haben, die ihnen jedoch, wie ihnen schnell bewußt wird, im Alter von zwölf oder dreizehn Jahren schrecklich gefehlt hat.

Wir ziehen eine Linie auf dem Boden, die die Männer von ihren Vätern, ihrer Kindheit, ihren Müttern, ihrer Jugend und ihrer Vergeßlichkeit trennt. Die Linie besteht aus Stökken und Steinen, sogar aus zusammengerollten Halstüchern; sie hilft ihnen, des Mannestums zu gedenken, dem sie nie Verehrung bezeugt haben.

Da die meisten nie von älteren Männern in die Welt der Männer eingeführt wurden, bitten Marvin und ich die Männer über fünfzig, als erste die Linie zu überschreiten, so daß sie von der anderen Seite aus die Jüngeren begrüßen können. Zwei Trommler schlagen gleichmäßig die Trommel, während sie sich bereit machen.

Mr. Perkins steht kerzengerade, seine grauen Haare flattern im Wind. Er steht da und weint vor dem Überschreiten der Linie. Er weint um die siebenundsechzig Jahre, die er dazu gebraucht hat. Dann sinkt er sanft und unter lautem Schluchzen in Marvins und meine Arme. Einige Augenblikke später tritt er stolz und würdevoll über die Linie, vollkommen unbelastet von seiner Kultur, die ihn nie die Macht dieses Rituals lehrte.

Er scheint durch eine mythische Zeit zu schreiten, wie ein alter Krieger, verwundet, aber nicht tot; vielleicht sogar lebendiger als je zuvor. Drüben angekommen, dreht er sich lächelnd zu uns um, bereit, den Rest seines Lebens als willkommen geheißener Mann zu grüßen. Dann wendet er sich seinen jüngeren Brüdern zu, die zwei Reihen bilden und sich, jeder auf seine Art, zu dieser Linie und über sie hinweg aufmachen.

Für mich erreicht ein Treffen seinen Höhepunkt, wenn ich sehe, wie die Männer die zeremonielle Grenze überschreiten, die das Chaos ihrer Kindheit von einer Brüderschaft des Schmerzes und der Dankbarkeit trennt.

Diese Augenblicke sind voller Trommelklänge, Wind und Wunder; sie sind ewig und ursprünglich. Die Männer trauern darüber, daß sie dreißig, dreiundvierzig oder siebenundfünfzig sind und nie von Älteren oder Brüdern in der Welt der Männer willkommen geheißen wurden. Das Gefühl, das mich beim Zusehen ergreift, wenn die Jüngeren flüsternd von den Männern über fünfzig umarmt und aufgenommen werden, ist einfach unbeschreiblich.

Als ich das erste Mal ein solches Ritual leitete, war ich innerlich unbeteiligt, bis ein graubärtiger Mann, den ich wegen seiner Geschichte und seiner Bereitschaft, an sich zu arbeiten, hoch achtete, mich in die Arme schloß und mir zuflüsterte: »Ich bin so stolz auf dich. Willkommen in der Welt der Männer.« Ich fing an zu brüllen. Dieser Mann über fünfzig hatte mir das ganze Wochenende über zugehört, war bei vielen meiner Vorträge gewesen, hatte meine Bücher gelesen und stahl sich in meine Seele. Dann sagte er genau das, was ich so gerne von einem Vater, einem Großvater, einem Onkel oder einem anderen Mann in meiner Familie, der nicht trank und Sicherheit gewährte, gehört hätte.

Wenn die Männer die Reihe der Älteren durchschritten haben, bilden sie einen Kreis, der die Nachkommenden umgibt, ein männliches Nest. Die Initiation – die nur einer von vielen symbolischen Riten ist, die vollzogen und durchlebt werden müssen – kommt langsam zum Ende. Der Kreis ist geschlossen, wenn ich mich den Männern, meinen Brüdern im Ritual, in der Zeremonie und im Mannestum, angeschlossen habe. Einige Männer sprechen darüber, wie tief bewegt sie sind und wieviel ihnen die Umarmung eines älteren Mannes bedeutet. Sie sprechen darüber, wie wertvoll ihnen das Lächeln von Brüdern ist, die nicht mit ihnen konkurrieren, sondern ihnen beistehen und wortlos in einer stillschweigenden Übereinkunft geloben, auf das gemeinsame Ziel der Heilung und des Wachstums hinzuarbeiten.

Ich danke den Männern, daß ich Teil dieses Wochenendes sein durfte, und sage ihnen, wie sehr ich es zu schätzen weiß, daß sie mir zuhören, meine Bücher lesen und mich auf meiner Reise auf der Suche nach meiner fast verlorenen Männlichkeit begleiten.

Auch andere bringen ihre Freude, vermischt mit Traurigkeit, zum Ausdruck, wenn wir uns dem Ende dieses unvergeßlichen Erlebnisses nähern. Ich blicke in die Augen eines Siebzehnjährigen, und Neid, Traurigkeit und Dankbarkeit zerreißen mich. Ich sehe zum Himmel hoch und denke an all die Momente, in denen ich nichts anderes wollte als hinauffliegen und mich vom Wind an einen anderen Ort tragen lassen.

Während dieser Treffen weiß ich, daß die Erde meine Heimat ist, daß die Männer auf dem Weg der Heilung sind und der Himmel nur zum Besuchen und zum Anblick von unten bestimmt ist. Auf diesen Lichtungen wird mir im tiefsten Innersten bewußt, daß die Männerbewegung Teil der Mutter Erde ist und daß es ihr darum geht, die Erde und ihre Kinder zu retten und die Frauen und Männer zu lieben, die uns lieben wollen; daß es auch darum geht, denen zu verzeihen, die uns nicht so lieben konnten, wie wir geliebt werden wollten.

Und schließlich geht es darum, daß wir uns selbst all die kleinen und großen Katastrophen vergeben, die wir in unserem und im Leben anderer Menschen angerichtet haben, und daß wir eines Tages alle Süchte und Abhängigkeiten in Beziehungen abschütteln und jedes Gefühl empfinden können.

Der Kreis löst sich auf, und ein Trommeln und Tanzen und Lachen hebt an. Die Männer tanzen miteinander, lachen und weinen, manche lesen Gedichte vor. Wer hätte das vor wenigen Jahren für möglich gehalten? Bauarbeiter, Anwälte, Ärzte, Gärtner, Buchhalter, all diese Männer vereint in einem Ritual, in einer Zeremonie, in ihrer Heilung und ihrem Streben nach Gesundung. Wenn Sie nur ihre Gesichter sehen könnten!

Vielleicht sehe ich Ihr Gesicht eines Tages auf einem Männertreffen. Wenn Sie eine Frau sind, dann geben Sie nicht auf, denn wir sind auf dem Weg zu Ihrem Herzen, und eines nicht allzu fernen Tages werden wir das erste Treffen für Frauen und Männer abhalten. Dann werden wir zusammen tanzen, trommeln, einander umarmen und uns unsere tiefsten Wahrheiten gestehen. Denn wir wissen: »... vielleicht sind die Geschlechter verwandter, als man meint, und die große Erneuerung der Welt wird vielleicht darin bestehen, daß Mann und Mädchen sich, befreit von allen Urgefühlen und Unlüsten, nicht als Gegensätze suchen werden, sondern als Geschwister und Nachbarn und sich zusammentun werden als *Menschen* ...«[7]

7 Rilke, *Briefe an einen jungen Dichter*

Der männliche Liebhaber – Sich den Frauen in unserem Leben öffnen

Er träumt kaum noch von ihr. Er behauptet, daß er die Frau, mit der er jetzt zusammen ist, liebt und großartig findet – die beste, die ihm je über den Weg gelaufen sei. Aber Sie glauben ihm nicht, auch wenn Sie es gerne täten. Fragen Sie ihn, wieviel Zeit seit der Trennung, der Scheidung vergangen ist, bevor er die neue Frau kennenlernte, und er wird Ihnen antworten, daß sie nach ein paar Wochen, ein paar Monaten, ein paar Drinks einzog oder er zumindest wünschte, sie würde es tun.

Jessie wußte, daß er nie um den Verlust seiner ersten Frau getrauert hatte. Er wußte, daß er es tun sollte, er hatte genügend darüber gelesen. Carolyn, seine potentielle Zukünftige, wußte es ebenfalls. Wenn Sie zu Carolyn gingen und sie fragten: »Hat Jessie genug um seine letzte Liebe getrauert?«, antwortet sie vielleicht, sie wüßte es nicht. Aber sie weiß es. Sie spürt es, wenn sie am wenigsten darauf gefaßt ist. Vielleicht sieht er genau im falschen Moment weg, wenn sie sich lieben, und verliert sich in Erinnerungen, nur für Sekunden, aber für sie ist es eine Ewigkeit. Meist ist es nichts so Offensichtliches, wie daß er sie mit dem Namen seiner alten Geliebten anspricht, obwohl auch das schon vorgekommen ist. Aber häufig sieht sie den Geist seiner Exgeliebten um ihn schweben, wenn er Carolyn zu sich ruft. Sie weiß,

daß er sich manchmal wünscht, sie könnte die Erinnerung an seine letzte Frau vertreiben oder wenigstens seinen Schmerz lindern.
Das Wichtigste aber ist, daß er selbst weiß, daß er den Kummer über seinen Verlust nicht zugelassen hat – über den Verlust seiner alten Liebe und vielleicht sogar mehr als einer alten Liebe. Aber er hat Angst. Die unbewältigte Trauer ist ein winziges Band, das sowohl ihm wie seiner neuen Geliebten die Luft abschneidet – letztlich allen dreien, dem Mann, der jetzigen Geliebten und der früheren. Denn die frühere Geliebte kann spüren, wie er sich an sie klammert, selbst wenn sie Meilen von ihm weg ist. Sie fühlt, wie er an ihr zerrt, um sie in seine Gegenwart zurückzuziehen, aus lauter Angst vor einer Zukunft ohne sie. Wenn er trauert, so fürchtet er, daß sie am Ende ganz verschwindet und daß er wieder so dasteht, wie sie ihn kennengelernt hat: empfänglich, verletzlich und bereit, zu lieben und geliebt zu werden. Der Schmerz, der ihn erfüllte, als seine Geliebte ihn verließ, war so mächtig, daß er sich mit aller Kraft, die er aufbringen konnte, an sie klammerte. So würde ihn nie wieder jemand treffen, ihm so nahekommen können. Niemand würde ihn je wieder so verletzen.
Vielleicht will er sie auch loslassen. Vielleicht will er trauern. Aber er fürchtet auch, daß seine jetzige Geliebte ihn nicht versteht und womöglich verläßt, wenn er um seine langvergangene Liebe trauert – und was würde dann aus ihm werden? Keine vergangene Liebe, keine neue mehr – doppelter Schmerz, doppelt verlassen.
Was er nicht weiß, wußte auch ich lange Zeit nicht. Wenn wir um die vergangene Liebe nicht trauern, dann weiß die nächste das und wird uns am Ende wahrscheinlich verlassen. Sie kann nicht in die linke Seite in unserer Brust vordringen,

wo wir uns vor ihr verstecken und sie aussperren. Ohne Trauerarbeit können wir nicht weiterleben, aber wir können weiterleben, während wir trauern. Gewöhnlich wird uns sogar Hilfe zuteil, solange wir ehrlich sind und vermitteln, was wir tun und warum.

Wenn ich zu einer Frau sage: »Ich trauere noch um meine letzte Liebe, aber ich bin soweit, daß ich bei dir bleiben will, nur brauche ich noch Zeit für meine Gefühle«, dann wird sie meinen Wunsch respektieren. Und sie wird wissen, daß wahrscheinlich auch sie eines Tages so sehr geliebt werden wird, daß ihr aufrichtige Trauer entgegengebracht werden wird, wenn es an ihr ist, zu gehen.

Was ich nicht wußte, war, daß die Trauer um Phyllis, Deborah und Karen, meine Jugendlieben, sie nicht von diesem Planeten oder aus meiner Seele vertreiben würde. Vielmehr konnte ich sie durch meine Trauer loslassen und ihre guten Seiten in mein eigenes Selbst integrieren. Viele Dinge, die mich an ihnen anzogen, sind mit der Zeit in meine eigene Persönlichkeit eingegangen.

Die verlorenen Geliebten lassen uns leerer zurück als die Trauer um sie. Durch Trauern öffnen wir uns für die Person, die wir jetzt sind. Dann klammern wir uns nicht so eng an unsere neue Geliebte, denn wir kennen unsere Stärke. Aber wir können sie lieben. Und sie hat die Möglichkeit, einen Mann zu lieben und nicht einen Geist.

Sich von einer verlorenen Liebe lösen

Die Geliebte verläßt uns. Zurück bleibt ein Loch, eine Wunde, eine Trauer, die aus allen Poren strömt. Jede Wunde bricht auf, jede Verlassenheit, jede unvergossene Träne drängt nach außen, um erinnert, beachtet, gefühlt, erfahren, ausgedrückt und erlöst zu werden. Wenn ein Mann sich in solchen Zeiten weigert, in seine Seele hineinzuhorchen und sich mit seinem Verwundetsein auseinanderzusetzen, dann versinkt er in Selbstmitleid, Verleugnung und Selbstzerstörung. Er steht morgens auf, ohne sich das Gesicht zu waschen, die Haare zu kämmen oder etwas zu essen. Oder er arbeitet siebzig Stunden in der Woche, um das Loch, das ihr Weggehen in ihn gerissen hat, zu stopfen. Manche gehen jede Nacht in eine Bar, und anstatt einen Groschen in einen Telefonschlitz zu stecken und einen Freund um Hilfe zu bitten, fällt der Groschen in eine Musikbox, aus der Lieder ertönen, die ihm erzählen, daß er ohne sie ein Nichts ist.

Er treibt mit Körper und Geist Verleugnungsspiele. Der Körper sehnt sich nach ihr und nach der Frau davor und nach der Frau vor ihr, zurück bis zur High-School und noch weiter bis zu seinen Eltern, die ihn auch verlassen haben. Sein Kopf sagt: »Zur Hölle mit ihr. Ich habe sie sowieso nicht geliebt. Es schwimmen noch andere Fische im Wasser. Ein Glück, daß ich sie los bin!« Nachts aber wird der Körper, wenn er tagsüber nicht vollkommen betäubt wurde, in Weinen ausbrechen. Der Körper wird das Bewußtsein betrügen und austricksen und gestehen: »Du hast sie wirklich geliebt. Du mußt wirklich mit deinem Scheiß zu Rande kommen, sonst wirst du eine nach der anderen verlieren.«

Der mit Propaganda und Programmen vollgestopfte Kopf bringt die Qualen und die Sehnsucht des Körpers nach Heilung zum Schweigen, indem er sich Hals über Kopf eine andere potentielle Geliebte sucht, um die letzte aus seiner Erinnerung, seinem Blut und seinen Knochen zu treiben. Und so läßt der zur Trauer unfähige Mann seine »Seelengefährtin« Nummer 26 einziehen, bevor die Liebe, das Gepäck und die Möbel der letzten Frau ganz aus seinem Sinn oder seinem Haus verschwunden sind. Die neue Frau zieht ein, noch bevor die Scheidungsurkunde unterzeichnet ist, bevor die Trauerzeit um ist, bevor der Mann aufhört, von der letzten Frau zu träumen und sein gegenwärtiges Leben zu zerstören. Seine neue Liebe wird sehen, daß die vergangene ihm nicht einmal so viel bedeutete, daß er um sie trauert, obwohl er vielleicht vierzehn Jahre mit ihr zusammen war und zwei Kinder hatte. Sie wird immer an der Tiefe seiner Gefühle und seiner Fähigkeit zu echter Liebe zweifeln. Er wird sich mit seinem Selbstmitleid selbst anöden, und andere werden seiner ebenfalls müde werden. Er braucht zuviel Zuwendung von ihnen.

Wahre Trauer verleiht Macht, Stärke und inneren Adel. Wenn uns der Verlust einer Geliebten, eines Elternteils, eines Kindes, einer Stelle oder eines engen Freundes trifft, dann ist das eine Realität, die der Körper durchleben und auf die er reagieren muß. Das Ausmaß an Trauerarbeit, das ein Mensch nach jedem Verlust, den das Leben ihm aufbürdet, zu leisten hat, hängt davon ab, wieviel Trauerarbeit er bereits geleistet hat. Wenn er über den Verlust der Kindheit getrauert hat, wird ihn weniger Trauer erfüllen, wenn sein eigenes Kind größer wird und weggeht, sei es in den Kindergarten oder auf die Universität. Wenn die »große Liebe seines Lebens« aus Studententagen seit zwanzig Jahren entschwunden ist, ohne daß er die Trauer darüber durchgearbeitet hätte, dann wird sie wieder auftauchen, um betrauert und erlöst zu werden, wenn ihn seine gegenwärtige Geliebte verläßt.

Die meisten Männer und Frauen haben nie erfahren, wie gesundes Trauern aussieht. Wir haben zwar eine Menge

Selbstmitleid in verschiedensten Formen gesehen, aber die meisten von uns wissen nicht, wie man trauert. Wir haben das Gefühl, daß wir der Trauer lieber aus dem Weg gehen würden, wenn sie irgendeine Ähnlichkeit mit Selbstmitleid hat (was nicht der Fall ist). So kommt es, daß wir uns wieder und wieder genau in dem Zustand finden, den wir um jeden Preis vermeiden wollten.

Echte Trauerarbeit sieht so aus. Ihr Vater stirbt, Ihre Frau verläßt sie: Sie stehen jeden Morgen auf und weinen, bis Ihr Körper genug hat. Sie duschen und rasieren sich, und obwohl Sie noch tropfnaß sind, wenn die Wut Sie packt, nehmen Sie einen Tennisschläger und schlagen auf Ihr Bett ein, bis das Wasser vertrocknet ist und Sie schweißnaß ein weiteres Mal duschen. Sie bereiten sich das gesündeste Frühstück zu, das Sie zustande bringen, und essen, auch wenn Sie keinen Appetit haben. Bevor Sie zur Arbeit oder in die Schule gehen, halten Sie in einem Brief oder einer Tagebuchnotiz Ihre Gefühle fest. Sie spüren diese Gefühle bis in die Knochen. Und wenn Sie zur Arbeit gehen, falls Sie sich nicht freinehmen können, lassen Sie niemanden mit solchen Sprüchen auf sich einreden: »Steig wieder in den Sattel!« »Reiß dich zusammen!« »Komm, wir gehen ein paar Bier trinken nach der Arbeit!« »Laß den Kopf nicht hängen!« »So schlimm kann es doch nicht sein.«

Statt dessen suchen Sie sich ein oder zwei Menschen, die Sie lieben, die selbst wissen, was Trauern ist, und lieber trauern, als in Selbstmitleid zu versinken. Sie bitten sie, Tennis mit Ihnen zu spielen oder spazieren- oder ins Kino zu gehen. Ihnen ist klar, daß nicht immer einer oder zwei für Sie dasein können, also suchen Sie sich eine Selbsterfahrungsgruppe, eine Männergruppe oder eine Zwölf-Schritte-Gruppe und achten genau darauf, welche Erfahrungen, Kraft und Hoffnungen Sie daraus ziehen können. Vielleicht wollen oder brauchen Sie einen Therapeuten, der Ihre wachsende Fähigkeit, Hilfe zu suchen, fördert. In diesem Fall sollten Sie sich vergewissern, daß er nicht aus Angst vor der eigenen Trauer oder aufgrund des Irrglaubens, daß Trauer medikamentös behoben werden muß, weil sie ansonsten in eine Depression mündet, Ihre Trauer abwürgt. Selbstmitleid führt zu Depression und Krankheit. Trauern befreit den Körper, die Seele und den Geist, leert unsere Mitte und macht Platz für Liebe und Freude.

Je mehr ein Mann in diesen schwierigen Zeiten auf sich achtet, um so schneller durchquert er die dunkle Nacht. Je mehr er sich selbst schadet und verleugnet, um so länger wird seine Heilung dauern und um so weitreichender werden die Fehler sein, die er auf dem Weg dorthin begeht. Wenn er versucht, sein gebrochenes Herz zu heilen, werden noch mehr Herzen zerbrechen. Wenn ein Mann trauert, dann zieht er durch das »Tal des Todesschattens«, aber er muß dabei nicht allein sein. Wenn er es auf der anderen Seite wieder verläßt, wird er leichter, gedämpfter, weniger abhängig, bereit zur Liebe und zum Geliebtwerden sein. Wenn eine Geliebte in sein Leben tritt, wird er zur Nähe fähig sein, und wenn nicht, wird es ihm dennoch gutgehen, weil er nun für sich selbst sorgen kann. In seinem Leben gibt es eine Gruppe von Menschen, die ihm beistehen, die er sich bewahren will und die ihn umhegen, auch wenn er eine neue Liebe findet.

Ein männlicher Liebhaber werden

Ein Mann, der nicht trauern kann, kann nicht viel sagen, das aus dem Herzen und dem Bauch kommt. Die meiste Zeit über spricht er von seinem Kopf aus, sofern er überhaupt spricht. Er wird Ihnen sagen, was er will, was ihm zusteht, aber verdammt wenig darüber, was er braucht.

Ich erinnere mich daran, wie ich vor vier Jahren in meinem Hotelzimmer in Santa Fe saß und mich von weit her mit meiner Seelengefährtin Nummer zweiundzwanzig unterhielt. Nachdem wir eine Stunde lang auf ihre Probleme eingegangen waren, hielt sie schließlich inne und sagte: »Wir haben jetzt eine Stunde lang über meine Bedürfnisse geredet. Was brauchst du?« Mir blieb der Mund offenstehen, Schweigen nistete sich in ihm ein, meine Zunge erstarrte. Schließlich konnte ich meine Gesichtsmuskeln wieder bewegen und sagte nur: »Was ich brauche? Ich komme später auf dich zurück. Jetzt weiß ich nicht, was ich brauche.« Und ich wußte es wirklich nicht. In diesem Moment schien es mir, als ob mein ganzes Leben darum gekreist hätte, herauszufinden, was andere Leute brauchten und wie ich es ihnen beschaffen könnte. Ich kann mich beim besten Willen nicht daran erinnern, daß irgend jemand oder ich selbst mich jemals gefragt hätte, was ich brauchte. Dabei ist das eine Frage von grundlegender Bedeutung.

Männer, die Zugang zu ihren Gefühlen haben, können aus diesen Gefühlen mit Frauen umgehen. Und wenn ich auch nicht behaupten könnte, daß ich meine eigenen Gefühle auch nur in 75 Prozent der Fälle spüre, so werde ich doch besser darin. Wenn es einem Mann bessergeht, verändert sich die Beziehung in vielerlei Hinsicht. Wenn seine Partnerin auch an sich arbeitet, dann werden Grenzen gezogen, verstärkt und respektiert. Etwa so: »Ich möchte nicht, daß du mich beschimpfst, wenn du wütend bist. Wenn du irgendwelche Geschichten mit deinem Vater aufkochst, dann mach mich bitte nicht zu deiner Müllkippe.«

Je mehr die Männer sich den Frauen öffnen, die sie lieben, um so mehr werden sie aufhören, in der Beziehung Ersatz für ihre Verluste und Heilung für ihre Wunden zu suchen. Wenn ich über meine Beziehung wütend oder traurig bin und dieses Gefühl nicht zurückhalten kann, stehen mir mehrere Möglichkeiten zur Auswahl. Ich kann damit zuerst zu einem anderen Mann gehen oder zu einer Selbsthilfegruppe oder zu einem Therapeuten. Ich kann es vielleicht durch Tagebuchführen aufarbeiten oder mir durch Gymnastik im Wald irgendwie körperlich Luft machen.

Wenn ein Mann einen engeren Bezug zu seiner Männlichkeit findet, dann bedeutet sein Ja ja und sein Nein nein. Das Wort »Nein« war früher nicht Bestandteil meines Wortschatzes, ausgenommen wenn ich es auf mich selbst bezog. »Du brauchst dich nicht auszuruhen...« oder: »Nein, du verdienst keine gute Beziehung.« Ich war von Grund auf unfähig, anderen Menschen ein Nein entgegenzusetzen. Insbesondere Frauen. Insofern bedeutete mein Ja nicht viel, denn es resultierte nicht aus einer Entscheidung, sondern aus Angst. Ich fürchtete mich davor, zu anderen nein zu sagen, weil sie mich dann vielleicht weniger gemocht hätten oder weil sie von meiner Leistung hätten enttäuscht sein können. Der männliche Geliebte lädt höchstens an schlechten Tagen seine Verwundung bei einer Frau ab und erwartet von ihr seine Heilung. Er läßt auch nicht zu, daß andere Frauen oder Männer bei ihm ihren Müll abladen. Er steht fest zu seinen Entschlüssen und ist doch flexibel, wenn die Situation es erfordert. Vor allem aber setzt er seine Gesundung für niemanden, weder für Sex noch für Geld, Macht oder aus Angst aufs Spiel.

Der männliche Geliebte sagt: »Ich habe jahrzehntelang mein wahres Selbst mit Kompromissen verraten, deine Liebe werde ich nicht mehr dadurch erkaufen. Ich bin zu Kompromissen über unseren Wohnort, über unsere Ernährung, über die Anzahl zukünftiger Kinder, über das Kinoprogramm oder über die Schule unserer Kinder bereit, aber nicht über Fragen, die meine Seele gefährden, – aber ich brauche es, daß du mit dem Trinken in diesem Haus aufhörst. Ich kann mit dieser Sucht nicht leben. Ich verlange Sicherheit. Ich brauche Fürsorge. Ich brauche es, meine Wut herauslassen zu können. Ich brauche es, daß du das gleiche tust. Ich brauche gegenseitige Achtung und Gleichberechtigung. Ich werde mich nicht mit weniger abfinden, als mir zusteht, und das ist meine Gesundheit. Ich werde meine Genesung nicht für eine Beziehung aufs Spiel setzen.«

Die von unserer Verwundung errichteten Mauern fallen Ziegel für Ziegel zusammen und werden langsam durch Grenzen ersetzt. Der verwundete Geliebte versteckt sich hinter diesen Mauern, so daß er unsichtbar wird. Einen, der fest auf der anderen Seite einer Grenze steht, kann man sehen. Meist ist es ein Mann, der Sie sehr liebt und bei Ihnen bleiben wird, solange es richtig und gesund für ihn ist. Aber er tut vielleicht nicht das, was Sie gerne sähen, oder ist nicht so, wie Sie erwarten, oder fühlt nicht das gleiche wie Sie. Der männliche Geliebte hat Zugang zu seiner weiblichen Seite, zu seinem inneren Kind, seinem weisen Älteren, und deshalb wird er nicht die Verantwortung für die Gefühle seiner Geliebten übernehmen oder versuchen sie festzuhalten. Vielleicht fällt er auch manchmal, wenn er zu müde, zu hungrig oder zu gestreßt ist, in alte Muster zurück. Aber er wird sie schnell erkennen und um Hilfe rufen. Mit jedem Mal wird er weniger Zeit brauchen, um sein neues Selbst wiederzufinden.

Er läßt seiner Geliebten Raum für ihre eigenen Gefühle, und er wird keine Angst vor ihnen verspüren und sie deshalb auch nicht abwehren. Er wird zuhören und nur selten unterbrechen. Und wenn er sprechen muß, wird er immer häufiger Worte des Mitgefühls und des Verständnisses finden. Er wird weinen, wenn es nötig ist, auch wenn er erst gestern geweint hat. Er wird wütend und läßt seine Wut heraus. Er wird anderen Männern nahestehen und ihren Beistand annehmen. Er wird kein vollkommener Partner sein, aber er wird vollkommen zur Art seiner Partnerwahl stehen und sich nicht immer wieder durch irgendein Muster in eine Beziehung hinein- und wieder hinaustreiben lassen, bevor er dazu bereit ist.

Ein Mann, der trauern und Gefühle zulassen kann, kann auch spielerisch, spontan, neugierig und risikofreudig sein, innerhalb einer engen Beziehung oder auch außerhalb davon. Es macht Spaß, mit ihm zusammenzusein, und er wird sich am Ende sicher genug fühlen, um all seine Potentiale auszuleben. Er wird seine Geliebte bei ihren Anstrengungen unterstützen. Jeder Mann wird sich in diesen Dingen vom anderen unterscheiden und positive Männlichkeit auf vielerlei Weisen an den Tag legen, von denen in diesem Buch nicht die Rede ist. Jeder Mann wird seinen Weg finden, um sein eigener Mann zu werden.

Die Freiheit, zu werden

Das Männertreffen sollte an einem Ort stattfinden, an dem ich vor neun Jahren in genau dem gleichen Monat mit meiner Freundin Laurel ein Wochenende verbracht hatte. Es war und ist ein wunderbarer Flecken, ein kleiner Rückzugsort außerhalb von Las Vegas in New Mexico. Dieses Wochenende würde unweigerlich eine schmerzliche Reise in die Vergangenheit werden.

Neun Jahre vor dem Erscheinen von *The Flying Boy*, bevor ich in Männergruppen ging und Wochenend-Veranstaltungen abhielt und vor den Jahren meiner eigenen Therapie und Seelenarbeit, gingen Laurel und ich spazieren und blickten ins Angesicht der Berge, die durch ihre bloße Gegenwart dem Augenblick Bedeutungsschwere und Gewicht verliehen.

Wir verbrachten den ersten Abend in einem heißen Zuber unter den Sternen, die so nahe waren, daß wir uns von ihnen abwenden mußten. Ich schüttete so schnell und so besinnungslos Wein in mich hinein, daß mit jedem Schluck echte Nähe ferner rückte.

Am nächsten Tag wollte Laurel mich auf dem Teppich mitten im Zimmer mit Blick auf das paradiesische New Mexico massieren. Mit zärtlichen Händen rieb sie mich mit dem duftenden Öl und ihrer Liebe ein. Aber ich war unfähig, etwas zu fühlen und zu empfangen. Seit frühester Kindheit hatte ich gelernt, meinen Körper zu betäuben, noch nie in meinen damals dreißig Jahren war ich massiert worden, und ich war starr vor Angst. Bald entzog ich mich ganz. Sowenig, wie ich andere Frauen einlassen konnte, die mich halten oder lieben wollten, so wenig konnte ich sie einlassen, als sie mich nur berühren wollte.

Als ich nun im Zentrum dieses Männerkreises stand, umgeben von denselben Bergen und unter denselben schweigenden Sternen, war ich so gefühllos wie damals – mit dem Unterschied, daß ich jetzt um meine Fühllosigkeit wußte. Ich war überwältigt von einem immensen Gefühl schmerzlicher Ergriffenheit.
Ich stand vor einhundertdreißig Männern, die bereit waren, über ihren Schmerz zu sprechen, und hatte zuviel Angst, um meinen eigenen an die Oberfläche kommen zu lassen. Ich wollte mir einreden, der Schmerz sei mit den Jahren, den Treffen, den Männergruppen und der Therapie verschwunden. Und doch stand ich neun Jahre später wieder hier und versuchte, etwas zu fühlen.
Ich blickte in die Gesichter der Männer und sagte: »Wenn wir nur unsere Umgebung in uns einlassen könnten – den Himmel, die Berge, dieses Tal, die Liebe –, dann wären wir bereits weitgehend geheilt, hätten bereits vollbracht, wozu wir hierhergekommen sind. Wenn ich nur das alles und Sie in mich hereinlassen könnte.« Tränen stiegen in mir auf, und ich konnte nicht weitersprechen – doch Tränen und Schmerz wurden auf der Stelle verschluckt und blieben mir im Halse stecken. Ich dachte: »Vielleicht sollte ich mich einfach freundlich verabschieden und die Leitung dieses Wochenendes meinen Freunden und Hilfs-Katalysatoren überlassen. Inzwischen versuche ich, Zugang zu dem Schmerz zu finden, den ich noch immer vergrabe.«
Am nächsten Tag regnete es, und wir versammelten uns in einer alten Scheune, die nach Heu duftete und uns in schlichtere Zeiten zurückversetzte, zu einem Großvater, einem Onkel oder einem Vater. Ich konnte meinen Kummer nicht mehr zurückhalten. Ich fing an, über die Geliebten, die Frauen und Freundinnen der Vergangenheit zu spre-

chen. Ich erzählte, daß ich am Tage vorher meinen inneren Bildern aus dem Weg gegangen war und die Erinnerungen an eine Frau hinuntergewürgt hatte, die ich vor beinahe zehn Jahren gekannt hatte, eine Frau, die nie erfahren würde, wie sehr ich mich verändert hatte und auch wie wenig. Sie konnte nicht wissen, wieviel Angst vor einer Massage, vor Nüchternheit, vor Nähe und Intimität damals in mir war.

Meine Rede endete in Tränen. Ich stand auf und ging zu dem Haus, das die Erinnerungen bewahrte, und legte mich mitten auf den Teppichboden und weinte, als hätte ich sie erst gestern verloren.

Das restliche Wochenende war ich ganz und gar da, ganz offen für meine Gefühle und voller Trauer, doch gleichzeitig auch voller Freude, denn ich wußte, daß ich auf dem Weg der Heilung war. Meine Überzeugung, daß Erinnerung, Körper und Trauer nicht von der Uhr, vom Kalender oder vom Kopf reguliert werden, festigte sich noch mehr. Trauer kommt und geht, wenn sie dazu bereit ist.

Erst nachdem ich meiner Traurigkeit freien Lauf gelassen hatte, konnte ich erkennen, daß der Kreis nun geschlossen war. Ich war im Frieden mit mir selbst und wußte, daß ich mich auf die nächste Massage, die mir jemand ohne Hintergedanken aus Liebe anbieten würde, einlassen könnte.

Und zwei Monate später, in einer Blockhütte in Vancouver, umgeben von Bergen, nach einem nüchternen Bad in einem heißen Zuber, fuhr eine Frau, die ich liebe, mit ihren Händen über meine Brust und meinen Rücken. Diese zärtlichen Hände waren warm und liebevoll. Und ich konnte sie voll und ganz annehmen und genießen; ich mußte ihnen nicht aus Angst vorzeitig Einhalt gebieten, sondern konnte mich ganz hingeben.

Teil IV

Die Zukunft

Das neue Paradigma – Der neue Mann

Die Männerbewegung erschafft ein neues Modell echter Männlichkeit. Dieses neue Paradigma wird auf dem felsenfesten Fundament männlicher Solidarität errichtet werden. Das alte Konkurrenzdenken muß sterben. Und die Männer, die sich als Führer der Bewegung anbieten, müssen vorangehen und den Weg aus dieser Krankheit weisen, die das Konkurrenzdenken seit Tausenden von Jahren in die Herzen und Seelen von Männern senkt. Diese »Führer« müssen auf die Herausforderung antworten und auf die andere Seite wechseln und in einer neuen Ära als Brüder Schulter an Schulter stehen, nicht als Vorgesetzte, Hauptmänner, Generale und Herren oder Gurus.

Die Männer in dieser Bewegung auf dem Weg zu Heilung und Ganzheit müssen und werden fordern, daß sie in allen Phasen ihres eigenen Wachsens und bei der Gesundung des Planeten gleichberechtigt mitreden und handeln können. Wenn die »Führer« ihr Wissen wie ihr Eigentum horten und anderen Männern nicht dabei helfen, selbst Macht zu beanspruchen und Führungsqualitäten zu entwickeln, dann müssen sie in ihrem Innern nachforschen, woher ihr Gefühl rührt, es wäre »nicht genug« für alle da. Wir müssen spüren, wie und warum wir immer und um jeden Preis produzieren, leisten und gewinnen müssen.

Wenn es uns nicht gelingt, das alte Paradigma zugunsten

der neuen Männlichkeit hinter uns zu lassen, dann wird das an Männern liegen, die weiterhin konkurrieren, anstatt zu führen: Wie viele Bücher habe ich geschrieben? Wie viele Leute kamen zu meinen Workshops oder Versammlungen? Wer war häufiger im Fernsehen oder in Zeitschriften? Durch den alten Krieg des »wir« gegen »sie«, der Klüfte, Schismen und unreflektierte Loyalität gebiert, werden die Männer blind für die Tatsache, daß von allem genug da ist, daß es unendlich viele verschiedene Standpunkte, verschiedene Arten von Wunden und Bedürfnissen gibt.

Jack Knight, ein Therapeut, den ich kenne, bietet ein gutes Beispiel für diese Art von Kooperation. Mit der Eröffnung seiner eigenen Praxis nach Jahren der Arbeit an sich selbst setzte er sich über viele seiner Ängste und die Denkschablonen seines Vaters hinweg. Er stellte das Wohlergehen des Klienten über seine Brieftasche und seine egoistischen Bedürfnisse. Selbst kurz nach der Eröffnung seiner Praxis, als er nur wenige Klienten hatte, arbeitete er nur so lange mit ihnen, bis er den Eindruck gewann, daß sie von einer mehr körperorientierten Therapie wie dem Rolfing oder Tanz- oder Bewegungstherapien wie Feldenkrais oder Zwölf-Schritte-Programmen mehr profitieren würden. Er erklärte seinen Klienten, daß er sich freuen würde, sie weiter parallel zu diesen anderen notwendigen Maßnahmen zu sehen, doch wenn sie sich das nicht leisten könnten, würde er einmal im Monat einen Termin mit ihnen machen, damit sie ihre Erfahrungen integrieren könnten und in ihm einen festen Bezugspunkt hätten. Manche Therapeuten waren überzeugt, er sei auf dem schnellsten Weg zum Bankrott – erstens weil er sich auf Männer spezialisiert hatte; zweitens weil er sie darin unterstützte, andere Helfer oder Therapeuten aufzusuchen. Jack ertappte sich gelegentlich selbst bei

Zweifeln an seinem gesunden Menschenverstand. Doch die Klienten sahen in Jack den mitleidenden Mann, der er war, und den außerordentlich liebevollen Berater, den sie auch ihren Freunden aus ganzem Herzen weiterempfehlen konnten. »Er kümmert sich wirklich mehr um unsere Gesundheit als um seinen Geldbeutel«, das war ihr Gefühl. Jedesmal wenn er sie über seine eigenen Interessen stellte, schickten sie ihm drei oder vier Bekannte. Er wurde außerordentlich erfolgreich und erfahren, was die Störungen betrifft, an denen Kinder aus kaputten Familien, in denen es nie genug für alle gab, als Erwachsene leiden. Nun ist wirklich genug für alle da.

Ein anderes Beispiel ist persönlicher Natur. Im April 1991 vereinbarte ich mit dem öffentlichen Sender Public Broadcasting System eine eigene vierteilige Serie, in der meine Arbeit in der Männerbewegung dargestellt werden sollte. Ich war außer mir vor Freude. Dann dachte ich einige Tage mit zunehmender Beunruhigung darüber nach. Schließlich rief ich den Produzenten an und sagte: »Ich möchte es gerne machen, aber nur, wenn ich Männer dazu einladen kann, die bei der Show mit mir zusammen neue Wege gehen. Mir ist es wichtiger, Teil eines Teams zu sein, als meinem Ego zu schmeicheln.« Er war erfreut und willigte ein. Das neue Paradigma beginnt in meiner Psyche zu wirken.

Kürzlich wurde ich eingeladen, einen Workshop am Omega Institute in New York abzuhalten. Ich nahm an, rief dann aber nochmal zurück und sagte, ich würde gerne einen Freund und Partner mit auf die Reise nehmen. Jed Diamond, eine bedeutende Stimme in der Männerbewegung, würde mein Gast sein. Vor einiger Zeit rief Jed mich dann an und sagte: »Ich mache einen Workshop in Esalen und hätte gerne, daß du mich begleitest.«

Ja, wir sind selbstbezogen – sehr sogar –, und das frißt eine Menge Energie und Zuwendung auf. Dennoch überwiegt bei manchen von uns das Bedürfnis nach Unterstützung, Anteilnahme und gemeinsamer Heilung. Ihnen liegt mehr daran, aus der Kälte heimzukehren und den einsamen Wolf abzuschütteln, die Masche vom »Marlboro-Mann«, an der viele von uns aus bloßer Angst weiter festhalten. Wir wollen als Gleichberechtigte dienen, sehen und gesehen werden, und nicht als Angestellte, Vorgesetzte, Stars oder Bosse zweiter Klasse.

Die neue Männlichkeit ist integrativ, nicht exklusiv; sie nimmt die Unterschiede auf, anstatt denen, die eine andere Sicht der Dinge haben, Hindernisse in den Weg zu legen. Und das wichtigste von allem ist, daß sie auf wechselseitiger Hilfe gründet. Die Männer an vorderster Front, die Reden halten, schreiben und Workshops leiten, dürfen nicht mehr über andere herziehen, sie kritisieren und in bestimmte Kategorien pressen. Ich glaube, daß wir Männer auf allen Ebenen unterstützen müssen – von der Basisbewegung bis zur internationalen –, damit sie aus sich herausgehen und mit uns die Führung übernehmen. Wir Männer müssen die Angst fühlen, die unsere Väter uns mit auf den Weg gegeben haben, und sie aufarbeiten. Unsere Väter sagten, wir könnten niemandem trauen, also müssen wir lernen, uns gegenseitig zu vertrauen, zu führen und zu folgen. Wenn es an uns ist, zu reden, dann tun wir das, weil wir etwas zu sagen und mitzuteilen haben und weil wir vorher zugehört haben. Ja, es gibt vielleicht Leitfiguren, aber sie »dienen«, weil sie bereit sind, Unterstützung anzunehmen, und sitzen Schulter an Schulter mit den anderen im Kreis. Und wenn ihre Zeit dem Ende zugeht, sitzen sie wieder dort, Schulter an Schulter, und lernen von den anderen.

Schließlich wird die neue Männlichkeit mehr Fehlschläge zulassen und zeigen, daß sie nicht identisch sind mit Versagen. Sie wird uns eine gesunde Anschauung und Achtung vor Versuchen und ihren Fehlschlägen lehren.
Unsere Väter konnten ihre Ängste nicht spüren und aufarbeiten, weil sie bei anderen Männern keinen Beistand fanden. Sie sagten Dinge wie: »Wer nicht wagt, der nicht gewinnt«, aber wenn es an der Zeit war, »ihrem Glück zu folgen«, hatten sie zuviel Angst vor dem Versagen und vor der Unfähigkeit, rechtzeitig ihre Rechnungen zu bezahlen. Also nuckelten sie an der Flasche und saugten aus ihrer Arbeit, ihrer Frau, ihren Kindern das Leben heraus, um zu vergessen, daß ihr wirkliches Versagen darin bestand, keinen Versuch gewagt zu haben. Aus ihrer ungefühlten Angst wurde Wut, die sie so lange in sich hineinfraßen, bis sie zur Raserei oder zum eiskalten Schweigen wurde. Und diese steckengebliebenen Gefühle gaben sie an ihre Söhne weiter.
Sie zeigten und sagten uns nicht, daß wir durch Fehlschläge zum Erfolg gelangen. Wenn Dan Jones und ich Therapeuten in Theorie und Praxis der Freisetzung von Emotionen ausbilden, dann beobachten wir, wie ihre Angst vor dem Versagen sie vor einem Risiko zurückschrecken läßt. Sie schauen uns bei unserer Arbeit mit einem Patienten zu. Wir versuchen vielleicht sechs oder acht Sachen, bis eine dann funktioniert und der Teilnehmer tiefe Gefühle herausläßt. Die Beobachter konzentrieren sich nur auf die eine Methode, die Wirkung gezeigt hat, vergessen die fehlgeschlagenen Versuche und erkennen daher nicht, daß jeder riskierte und vergebliche Versuch ein wichtiger und notwendiger Schritt zu dem einen war, der schließlich funktionierte.
Wenn die Männer einmal ihre eigenen Fehlschläge anneh-

men können, dann können sie auch die lieben, die aufgrund ihrer Menschlichkeit häufig Fehlschläge erleiden. Unsere Väter haben nie zu uns gesagt: »Mein Sohn, egal, was du tust, und egal, wie erfolgreich du sein wirst, ich liebe dich, ich werde für dich dasein. Und ich werde dir erzählen, in welchen Bereichen ich versagt habe.« Sonst wüßten wir aus Erfahrung, daß Fehlschläge zum Erfolg gehören, und könnten es in unserem Körper fühlen.

Die neue Männlichkeit wird Fehlschläge begrüßen, und unsere Söhne und Töchter werden sich nicht schämen, wenn sie nicht immer erfolgreich sind, siegen und triumphieren. Und sie werden nicht dazu getrieben werden, dem Erfolg auf Kosten ihrer Gesundheit hinterherzujagen, nur um ihren Eltern zu beweisen, wie man das macht, oder stellvertretend für ihre Eltern deren nicht verwirklichte Träume zu realisieren.

Gruppen und Treffen

Ich werde häufig gefragt, wie ich an eine Männergruppe oder ein Treffen herangehe, aber ich möchte meine Art nicht anderen zur Nachahmung empfehlen. Mit der folgenden kurzen Schilderung möchte ich den Männern helfen, die eine eigene Gruppe, Methodik und Kommunikationsform entwickeln wollen.

Dan Jones und ich haben gemeinsam viele Männergruppen geleitet und waren jahrelang als Co-Therapeuten tätig. Marvin Allen und ich haben einige Männertreffen zusammen geleitet. Bis dahin war ich mein ganzes Leben lang ein Einzelgänger gewesen. Ich hatte an Universitäten Vorlesungen gehalten und gelehrt und genieße es noch immer,

Vorträge zu halten und Workshops, die nur einen Tag dauern, allein zu führen, und das Schreiben ist ohnehin ein sehr einsames Unterfangen. Doch wenn es um die Arbeit mit Männern geht, ist es zweckmäßiger und angenehmer, sich mit einem Partner zusammenzutun. Zwei Männer, Schulter an Schulter, Rücken an Rücken können mehr sehen und hören als einer. Und wenn es auch keine perfekte Partnerschaft gibt, so existiert zwischen den Männern, mit denen ich zusammenarbeite, und mir doch eine tiefe, wachsende Beziehung, die sich mit jedem Jahr verdichtet.

Das Wichtigste überhaupt in Gruppen wie bei großen Treffen ist Sicherheit. Nur in einer sicheren Umgebung können Gefühle erfahren und ausgedrückt werden. Die Teilnehmer können bei den Gruppenleitern und den anderen Teilnehmern der Gruppe auf eine enorme Hilfsbereitschaft zählen.

Männergruppen und -treffen spielen sich auf körperlicher wie auch auf psychologischer und spiritueller Ebene ab. Dan und ich arbeiten mit zehn bis zwölf Männern in zweistündigen Sitzungen. Ungefähr vier bis sechs Männer in der Gruppe »bearbeiten« ein Problem oder ein Thema. Letztlich geht es darum, den Männern zu helfen, ihren Körper, ihre Emotionen, ihre Vergangenheit, ihre Handlungsmuster zu fühlen und sie darin zu unterstützen, mit Hilfe bestimmter Techniken aus ihren destruktiven Verhaltensformen, die sie fesseln und verkrüppeln, auszubrechen. Die anderen Männer der Gruppe fühlen stellvertretend, woran ein bestimmter Mann arbeitet, und wenn dadurch etwas in ihnen angesprochen wird, dann sind sie als nächste mit dem »Arbeiten« an der Reihe, ohne daß der erste unterbrochen oder damit konfrontiert wird. Anders gesagt, die Gruppen wie die Treffen sind auf gegenseitige Hilfe, nicht auf Konfrontation

ausgerichtet. Unserer Meinung nach haben wir im Alltagsleben genug Konfrontationen auszustehen. Für manchen war schon die Kindheit nichts als ein einziger Krieg gegen einen gefühllosen Menschen.
In unseren Gruppen und Versammlungen geht es darum, die Emotionen, die wir so lange in uns hineingefressen haben, zu fühlen und herauszulassen. Es geht auch um kognitives Umdenken und um das Setzen neuer Maßstäbe, um Trauer und Lachen und um die Darstellung unseres innersten Kerns in der Gemeinschaft mit anderen Männern, die für uns da sind, so wie wir für sie da sind.
Ich bemühe mich, in Gruppen und Versammlungen als Katalysator zu wirken, indem ich mehr Bruder als Therapeut bin – ein Mitreisender, der über bestimmte Begabungen und Informationen verfügt, die sich als nützlich erweisen könnten. Mit anderen Worten, wenn meine eigenen Gefühle in einer Gruppe oder bei einem Treffen herausbrechen, dann werden sie sofort durchgearbeitet, sofern es der Situation angemessen ist.
Folgende Themen beherrschen die Gruppen und Treffen: die Vater-Sohn-Wunde und die Beziehungen zu Müttern, Frauen, anderen Männern, Kindern und Vorgesetzten. Die Männer kämpfen mit ihren Geldängsten, mit der Angst vor Tod, Sex, Pensionierung, Abhängigkeit und Depression. Sie trauern über ihre verlorene Kindheit, über den fehlenden Kontakt und die mangelnde Fürsorge für das Kind in ihnen und über das Altern ihres Körpers. Sie entdecken ihre weibliche Seite, ihren »wilden Mann«, ihren Körper und ihre Freude. Sie lernen, anderen Männern, sich selbst und den Frauen in ihrem Leben zu vertrauen. Sie lassen die Liebe in sich einziehen. Und sie finden Hilfe auf ihrem Weg zur Ganzheit.

Bei Männertreffen, in Männergruppen, in Männerköpfen und Männerkörpern geschieht so viel, daß es unmöglich ist, alles hier vermitteln zu wollen. Ich habe nur ein Hundertstel der tatsächlich vorhandenen oder schlummernden Emotionen, Energie, des Vertrauens und Muts, der Angst, Verletzungen und Freude zur Sprache gebracht, die lediglich auf ihre Freisetzung warten. Und ich muß wiederholen, daß eine Männergruppe oder -versammlung keine Wunden »flickt«. Die »Flickarbeit« muß von den Männern selbst besorgt werden, allein oder zusammen mit anderen und im Laufe der Zeit. Die Treffen, Kongresse und Gruppen sind nur Katalysatoren, die den Heilungsprozeß beschleunigen und vertiefen.

An einem bestimmten Punkt steht man auf, vielleicht beim Abendessen, oder man wird wieder einmal um zwei Uhr morgens wach, und irgendwo ganz tief innen kristallisiert sich der Entschluß, daß es nun Zeit ist. Zeit, die Arbeit zu tun, vor der wir uns so gerne drücken würden.

Manche Männergruppen werden von kompetenten Männern geleitet, die an sich selbst arbeiten, manche von Männern, die blindlings auf jeder Welle mitreiten. Sie werden es merken, Sie werden es im Bauch spüren. Sie werden sehr schnell ein Gespür dafür bekommen, ob das alles nur Macho-Schwachsinn ist und die Veranstaltungen wie Marineausbildungslager durchgezogen werden. Wenn jemand in einer Männergruppe oder bei einem Männertreffen erniedrigt, abgewertet, beschämt oder verletzt wird – steigen Sie aus! Suchen Sie nach einem Ort oder einem Menschen, der durch sein ganzes Wesen ausstrahlt: »Bei mir bist du sicher. Hier ist ein sicherer Platz für dich. Hier brauchst du dich nicht zu schämen.«

Manche Männer stehen schon seit langem auf der Bühne,

andere haben gerade erst ihren ersten Auftritt, um ihren Brüdern auf dem Weg zu dunklen Orten beizustehen. Robert Bly gehört, zusammen mit James Hillman, Shepherd Bliss, Michael Meade und John Stokes, zu den ersteren. Diese Männer repräsentieren die sogenannte mythopoetische Männerbewegung. In diesem Teil der Bewegung liegt der Schwerpunkt auf Mythen, Geschichten, Märchen und Poesie als zentralem Handwerkszeug, dazu kommen die Psychologie Jungs, Trommeln, Maskenbildnerei und andere Rituale und Zeremonien. Jed Diamond, Marvin Allen, ich und einige andere kommen von einem mehr therapeutischen, auf psychische Genesung zielenden Ansatz, doch auch wir betonen und schätzen das mythopoetische Moment.

Ein weiterer bedeutender Teil der Männerbewegung wird seit Anfang der siebziger Jahre von Leuten wie Warren Farrell, Herb Goldberg und anderen angeführt, die unter einer feministischen Perspektive mit Männern arbeiten. Dann gibt es noch eine Reihe von Männern, die sich mit Homosexuellen-Themen befassen, und es gibt die Väter, die um gleiche Rechte und gleiche Ansprüche auf ihre Kinder kämpfen. In all diesen Bereichen der Männerbewegung gibt es zu viele gute Männer, als daß ich sie alle erwähnen könnte. Sie alle verdienen einen Gruß für ihre gute Arbeit. Die Männerbewegung ist ein Schirm, unter dem viele stehen und nach dem noch mehr Ausschau halten. Entscheidend ist in meinen Augen, daß der Schirm groß genug bleibt, um Schutz zu gewähren, daß wir uns gegenseitig unterstützen und daß wir weiterhin andere Männer unterschiedlicher Rassen und mit unterschiedlichem sozioökonomischen Hintergrund in die Bewegung einbinden.

Während unserer Arbeit unter diesem riesigen Sonnenschirm müssen wir unsere Ängste und Gefühle mitteilen und publik machen, auch wenn der Niederschlag und die Hagelkörner der Wut und des Unverständnisses auf uns herabprasseln, die wir unweigerlich von Zeit zu Zeit abbekommen werden.

Viele Männer kommen zu einer Gruppe oder einem Treffen und kehren dann in ihre Kleinstadt – oder Großstadt – zurück, wo sie keine Männergruppe finden. Die Lösung heißt: Machen Sie selbst eine auf! Schauen Sie nach innen und sehen Sie, was Sie lieben, was Sie wollen, was Sie mitzuteilen haben. Vielleicht finden Sie zunächst nur einen Mann, dann einen zweiten, später vielleicht vier, mit denen Sie einmal in der Woche zusammenkommen können, um über Ihre Träume zu sprechen. Vielleicht lieben Sie Poesie, dann werden Sie andere finden, mit denen Sie Gedichte lesen und darüber sprechen können, wie Gedichte Ihren Körper hungern, schmerzen und heilen lassen. Oder Sie gründen eine Selbsthilfegruppe. Wichtig ist die gemeinsame Verpflichtung, regelmäßig teilzunehmen, zuzuhören, sich mitzuteilen und die Gefühle und Fragen zu achten, die in einer Sicherheit spendenden, fürsorglichen Umgebung aufbrechen. Sie brauchen keinen Therapeuten, um zur Männerbewegung zu gehören. Es reicht, daß Sie als Mann Sehnsucht nach mehr Männern in Ihrem Leben haben und ein gesünderes Verhältnis zu anderen und zur Erde aufbauen wollen.

Selbstbehauptung und Kampf gegen das Scheitern

Im Vorhergehenden habe ich über Fehlschläge gesprochen und gesagt, das sei nicht das gleiche wie Scheitern. Die Männerbewegung kann scheitern, wenn sie einige moralische Imperative nicht erfüllt, sondern sich zu einem bloßen Männerklub umfunktionieren läßt.

Wenn die Männerbewegung aufgrund unbewußter oder bewußter Exklusivität nur die weiße Mittelschicht anspricht, dann ist sie zum Scheitern verurteilt. Den weißen Männern, die sie erreicht, wird in Kürze geholfen sein, doch wenn die Ideen, Informationen und Gefühle nicht die Grenzen der Hautfarbe, die unsere Vorväter gezogen haben, überschreiten, dann werden am Ende alle Männer und Frauen einen hohen Tribut zu entrichten haben. Wir müssen uns darum bemühen, daß wir und unser Wissen allen Männern zugänglich sind, die davon Gebrauch machen wollen.

Fünf Schwarze saßen inmitten eines Meers weißer Männer. Nach der Hälfte des Workshops näherte ich mich einem von ihnen namens Burt und fragte ihn: »Was hat Sie hierhergeführt?« Noch bevor ich weitersprach, kannte er den Grund meiner Frage. Er wußte, daß schwarze und andere farbige Männer nur selten zu einem Treffen wie dem in Sacramento kommen. Er wußte es, weil auch er nur selten jemanden mit ebenso dunkler Hautfarbe bei einem solchen Meeting sah. Dieses Fehlen traf ihn so sehr wie mich – nein, weit mehr noch. Seit einiger Zeit ist mir klar, daß die Männerbewegung noch keinen Eingang in die Herzen, Köpfe und Behausungen der meisten Schwarzen gefunden hat. Zwar haben bereits einige Männer hispanischer Abstammung ihre Erfahrungen in solchen Treffen eingebracht, aber es ist sehr schwierig, die Gemeinschaften von Minderheiten in dieses Umarmen, Heilen, Halten und Trommeln zu integrieren.

Seit einiger Zeit schon glaube ich, daß wir scheitern werden, wenn die Männerbewegung nur die weiße Mittel- und Oberschicht anspricht. Das mindert nicht den Wert der Arbeit, die diese Männer an sich selbst leisten, aber es wird bei mir und vielen anderen und letztlich in unserer ganzen Kultur ein Gefühl der Unvollständigkeit zurückbleiben. Ich glaube, daß alle Männer die Chance erhalten sollen, mit anderen Männern gemeinsam nach Heilung zu suchen. Ich weiß, das ist eine romantische Vorstellung, aber es sind gerade solche Vorstellungen, die manchmal den Standpunkt eines krassen Realismus über den Haufen werfen.

Es erübrigt sich zu sagen, daß Farbige willkommen sind und daß wir Weißen nicht behaupten können, die Erfahrungen eines schwarzen Mannes zu kennen, daß wir aber bereit sind, zuzuhören und zu lernen.

Das lernte ich aus Burts Antwort auf meine Frage: »Ein paar weiße Männer wissen, daß sie Probleme haben. Ein paar wissen es nicht. Den Schwarzen wird beigebracht, sie hätten keine Probleme.« Er hielt inne, blickte zu seinen vier Freunden und dann zu mir. »Schwarze Männer haben keine Probleme. Unser ganzes Leben lang hat man uns erzählt, daß *wir das Problem sind.*«

Seine Worte bohrten sich durch meine Brust und traten wie eine Kugel im Rücken aus. Ich dankte ihm und seinen Freunden für ihre Teilnahme an meinem Workshop und für die Erkenntnisse, die sie uns vermittelt hatten. Ihre Ehrlichkeit machte mich sprachlos. Ohne die genauen Details zu kennen, weiß ich, daß Robert Bly und James Hillman sich für farbige Männer einsetzen, indem sie ein Ausbildungsprogramm für diejenigen ins Leben gerufen haben, die sich für eine Arbeit innerhalb ihrer Gemeinschaft interessieren.

Wir am Männerzentrum von Austin erstellen Übungsprogramme für Farbige, mit denen sie lernen sollen, wie sie effektiver mit Männern arbeiten können, und wir gründen Selbsterfahrungsgruppen, die sich mit ihren ganz besonderen Fragestellungen befassen, in die jedoch die Prinzipien und das Handwerkszeug der Männerbewegung mit eingehen. Es ist Zeit, den Arm auszustrecken und die Rassengräben unserer Vorfahren zu überwinden, die blind waren vor Unwissenheit, Gier, Rassismus und Armut. Es ist höchste Zeit.

Es gibt noch andere Fallstricke, die auf uns warten: Wenn die Männerbewegung einer politischen und ideologischen Ausrichtung den Vorzug vor einer spirituellen und emotionalen gibt, dann wird sie keine Früchte tragen, sondern wie die Rebe am Stock verdorren. Wenn sie sich auf eine starke spirituelle und emotionale Basis gründet, dann wird sie massive politische Auswirkungen haben. Wenn jedoch ihre »Führer« der Zersplitterung und dem Separatismus das Wort reden oder ein einziges Thema zur einzig bedeutsamen Sache der Welt erklären und behaupten, ihre Art, dafür zu kämpfen, sei die einzig wahre, dann ist sie ebenso dem Untergang geweiht wie die modischen Allerweltspsychologien der sechziger und siebziger Jahre.

Wenn die Männerbewegung nicht auf Frauen und die Frauenbewegung zugeht (in ihren spirituellen und emotionalen Teilen) und einen neuen Dialog mit initiiert, dann wird sie scheitern.

Die Männer müssen sich zwar Zeit nehmen, um einen sicheren, heiligen Ort fern der Gesellschaft von Frauen zu schaffen, aber sie müssen auch lernen, mit Frauen zusammenzusein und sich (wenn es soweit ist) sicher genug zu fühlen, um mit Frauen zusammen Sicherheit und einen heiligen Ort zu schaffen.

Stellen Sie sich einmal einen Hain auf einem Hügel in West Texas vor. Das Land steigt an zu den Männern, die zu seinem Schutz bereitstehen. Sie sind umgeben von Eichen, Mesquitebäumen und Wind. Sie trommeln und tanzen und schreien ihren Schmerz und ihre Ekstase hinaus. Nicht weit entfernt ist ein anderes Trommeln und ein tiefes Wehklagen zu vernehmen. Die Frauen stehen in ihrem Hain und arbeiten an ihrer eigenen Heilung. Ihre Trommelklänge pulsieren durch jeden Körper – Klang, Erde und Himmel verbinden Männer und Frauen – Trauer zu Trauer, Wunde zu Wunde.

Dann gibt es einen dritten Hain, in dem Männer und Frauen Seite an Seite sitzen und sich in den Armen halten, einander zuhören, anlachen und lieben. Die meisten Projektionen auf das andere Geschlecht sind zurückgenommen. Wir sind frei von den Müttern und Vätern, die uns nicht vergönnt waren, weil wir jedes aufsteigende Gefühl zugelassen haben. In allen Hainen fühlen die Männer – die Frauen – sich gleichwertig, sie kehren zurück in ihre Städte, an ihre Arbeit, zu ihren Freunden und Familien. Sie sind verändert: Sie stehen aufrechter und gerader, und ihre Augen sind klarer, weil sie Tränen vergossen haben. Ihre Ohren sind geöffnet durch die Schreie, die sie ausgestoßen und gehört haben. Sie spüren ihren Körper, der mehr als zuvor mit dem Kopf verbunden ist. Seele und Geist, Körper und Bewußtsein, Mann und Frau sind vereint – nicht immer, aber viel häufiger als vor der Reise in den Hain auf der Suche nach den fehlenden Teilen des eigenen Selbst.

Übungen, um sich vom Vater zu lösen

Wenn Sie die folgenden Übungen machen wollen, dann sollten Sie als erstes tief Atem holen, eine bequeme Haltung einnehmen und alles Beengende ablegen oder lockern. Ziel dieser Übung ist es, den Vater zu finden, zu fühlen und von den Gefühlen wie auch von ihm selbst loszulassen. Sie werden nur so weit gehen, wie Sie können, und Sie können jederzeit aufhören und später weitermachen. Diese Übungen sind ein Prozeß und haben kein vorgegebenes Ergebnis. Sie werden Sie und Ihre Beziehung zu Ihrem Vater verändern, ob er noch am Leben oder schon tot ist.

Erste Übung: Schließen Sie die Augen, und beginnen Sie tief einzuatmen, lassen Sie Ihre Aufmerksamkeit vom Kopf in den Körper hinabwandern. Atmen Sie, spüren Sie die Straffheit in Ihrem Kiefer und Ihrem Hals, wenden Sie sich dann Schulter und Brust zu. Atmen Sie tief ein, und lassen Sie Ihre Aufmerksamkeit aus dem Kopf heraus in den Magen und zum Rücken wandern, atmen Sie, fühlen Sie die Verkrampftheit im unteren Rücken (auf dem eine Menge Wut auf Ihren Vater lastet). Atmen Sie tief ein, und blasen Sie Ihre Aufmerksamkeit durch Ihr Gesäß und Ihre Genitalien und weiter durch die Beine und Füße hindurch. Atmen Sie tief ein, und wiederholen Sie dabei das Wort »Vater«. Lassen Sie Bilder und Gefühle in sich aufsteigen. Atmen Sie tief ein, und sehen Sie ihn, riechen Sie ihn, hören Sie ihn. Erinnern Sie sich an seine Art, sich zu kleiden, an seine Art zu sprechen, lassen Sie Ihre Gefühle aufsteigen, während Sie Ihre Aufmerksamkeit nach unten wandern lassen, bis sie auf Ihre Gefühle trifft. Lassen Sie jedes Gefühl hochkommen. Lassen Sie jeden Ton, jede Träne hinaus, die hinaus will.

Atmen Sie weiter, wiederholen Sie dann, wenn Sie bereit sind, viermal das Wort »Papa«. Wiederholen Sie ganz langsam »Papa, Papa«, und lassen Sie rückhaltlos alle Gefühle in sich zu. Atmen Sie tief ein, sehen Sie ihn, hören Sie ihn, spüren Sie ihn. Atmen Sie dann noch einmal tief ein, und sprechen Sie das Wort »Papi« oder »Vati«. Lassen Sie die Gefühle, die in Ihrem Körper gefangen waren, hochkommen, und versuchen Sie, Ihre Aufmerksamkeit vom Kopf weg nach unten auf den Körper zu richten, dorthin, wo Vater, Papa oder Papi oder Vati sitzt. Fügen Sie dann bei jedem Atemzug »mein« hinzu, »mein Vater«, »mein Papa«, »mein Papi«, »mein Vati« und wiederholen Sie alles viermal. Achten Sie darauf, daß Sie beim Atmen und Fühlen alle Laute und Seufzer und Tränen herauslassen.

Nach der Übung haben Sie vielleicht das Bedürfnis, Ihre Gefühle niederzuschreiben. In welchem Teil Ihres Körpers sitzt Ihr Vater, Papa, Papi oder Vati? Bedenken Sie auch, daß die Übung doppelt soviel bringt, wenn sie mit anderen zusammen durchgeführt wird, und daß sie so oft durchgeführt werden kann, wie es Ihrer Meinung sinnvoll ist.

Zweite Übung: Diese Übung machen Sie am besten zusammen mit einem anderen Mann, der nicht nur bereit ist, Ihnen beizustehen, sondern auch an sich selbst arbeiten will, und am besten machen Sie sie kurz nach der ersten Übung.

Zwei Männer setzen sich bequem einander gegenüber hin, der ältere hat den Vorrang. Beide beginnen tief einzuatmen und ihre Aufmerksamkeit vom Kopf auf den Körper zu richten. Nach einigen Atemzügen wird der Jüngere seine Hände ausstrecken, und der Ältere wird mit geschlossenen Augen diese Hände ergreifen, aber die Hände, die er ergreift, werden die seines Vaters sein. Der Jüngere wird nur tief atmen. Der Ältere soll seinen Vater spüren. Er soll ihn sehen, hören, riechen. Sich an ihn erinnern. Alle Gefühle hochkommen lassen, hinauslassen. Die Laute, die Seufzer und Tränen freilassen. Atmen und dabei die folgenden Worte zu ihm sagen: »Leb wohl, Papa, ich muß dich loslassen.« Wenn er fertig ist, gibt er die Hände des jüngeren Mannes frei. Möglicherweise wird er von dem Gefühl beherrscht, daß er ihn gar nicht mehr loslassen will. Die meisten Männer hatten nie das Gefühl, einen Vater gehabt zu haben, deshalb fällt ihnen das Loslassen so schwer. Wenn er sich eines solchen Gefühls bewußt wird, kann er hinzufügen: »Papa, ich bin bald bereit, dich loszulassen. Ich weiß, ich habe dich nie besessen, aber ich muß dich trotzdem loslassen.« Er läßt all seine Gefühle zu: Wut, Traurigkeit, Freude, was auch immer hochkommt, und dann kommt der Jüngere an die Reihe. Wenn beide fertig sind, sprechen Sie über ihre Gefühle und drücken Ihre Hochachtung für die gute Arbeit aus, die sie geleistet haben – und umarmen einander.

Eine Bemerkung noch zu diesen Übungen: Bei beiden geht es um die Lösung vom Vater, aber in Wirklichkeit zielen sie darauf ab, sich von dem negativen, beschämenden Vater zu lösen, der uns im Stich läßt und sich entzieht. Diese Übungen sollen Ihnen dabei helfen, sich von Ihrem Vater zu lösen, damit Sie sich selbst ein gesünderer Vater werden können, als er es in Ihrer Kindheit war. Sie werden sich freuen zu hören, daß keine Übung zum Ziel hat, daß Sie auf all die guten Dinge, die Ihr Vater vielleicht für Sie getan hat oder Ihnen beigebracht hat, verzichten oder sich davon lösen sollen. Diese werden immer bleiben und Ihnen helfen, an sich selbst Vaterstelle einzunehmen, Ihren Kindern ein besserer Vater zu sein und in der Beziehung zu Ihrer Frau oder Freundin mehr Reife, Aufnahmefähigkeit und Fürsorge zu entwickeln.

Eine Bemerkung zum Thema Geduld

»Übung macht den Meister«, so heißt es. Das stimmt nicht. Es ist so falsch wie der andere Spruch, der da lautet: »Große Jungen weinen nicht.« Aber Übung und Geduld sind Schlüsselbegriffe auf der Reise zur eigenen Männlichkeit. Sie sind unabdingbar, wenn wir uns selbst der Vater werden wollen, den wir nie hatten.

Wenn ein Mann meint, er müßte schon nach wenigen Wochen oder Monaten wissen, wie man seine Gefühle richtig ausdrückt, dann klammert er sich noch immer an seinen Vater. Wenn ein Mann seine Gefühle bei Freunden, in Selbsterfahrungsgruppen und bei denen, die er liebt, zum Ausdruck bringt, aber von Zeit zu Zeit Fehlschläge erleidet und zu sich selbst sagt, daß das in Ordung ist, dann ist er auf dem richtigen Weg. Geben Sie nicht auf. Denken Sie daran: »Ich liebe dich so, wie du bist. Du mußt nicht immer alles richtig machen.« Dann wird ein Mann daraus werden, der dem kleinen Jungen in sich und der kleinen Persönlichkeit in allen Menschen Sicherheit bietet. Er wird ein guter Vater für sich selbst und ein großartiger Vater für seine eigenen Kinder werden, wenn er sich entscheidet, Kinder zu haben. Um Geduld würde ich an Ihrer Stelle zwar nicht beten. Aber ich würde Sie sicher darin unterstützen, sich in Geduld zu üben, wann immer es möglich ist. Es erleichtert die Reise. Tom arbeitete mehrere Monate lang in der Gruppe an seiner Wut auf seinen Vater. Er stieß zu ihr durch. Er ließ sie hinaus. Er entwickelte wirklich eine gesunde Art, seinen aufgestauten Ärger bei fast allem, was ihn in Rage brachte, rauszulassen – bei vergangenen wie bei gegenwärtigen Anlässen. Aber er konnte nicht weinen. Er hatte in mehr als achtundzwanzig Jahren keine Träne vergossen. Dieser kleinwüchsige Zimmermann mit braunen Augen hatte zum letzten Mal mit zehn Jahren geweint, als sein Hund gestorben war. Sein Vater kaufte ihm noch am selben Tag einen neuen und sagte: »Du brauchst nicht mehr zu weinen.« Ich vermute, er glaubte ihm oder er schämte sich so sehr, daß er nie wieder weinte. Als er seine Geschichte erzählte (der Königsweg zur Heilung; die eigene Geschichte so lange erzählen, bis man sie spürt und davon genesen kann), weinten einige Männer in der Gruppe. Auf einmal drehte er durch. »Schauen Sie nur, andere können über mein Leben und über ihres weinen. Warum, verdammt noch mal, kann ich das nicht?«

Tom suchte mich zu einer privaten Unterredung auf. Die Tränen wollten auch in dieser Stunde nicht kommen, dafür aber kam mir ein Gedanke und ein bestimmtes Gefühl. »Tom, wenn es Ihnen recht ist, möchte ich, daß Sie etwas versuchen. Sie werden Geduld dafür brauchen, und Sie werden es jeden Tag durchführen müssen. Ich möchte, daß Sie sich jeden Morgen und jeden Abend vor dem Schlafengehen folgenden Satz vorsagen: ›Die Tränen werden kommen, wenn die Zeit dafür reif ist.‹«

Er blickte mich ungläubig an. »Das ist alles?« fragte er. »Ich soll nur sagen: ›Die Tränen werden kommen, wenn die Zeit dafür reif ist.‹?«

»Genau. Jeden Morgen und jeden Abend«, sagte ich. Beim Weggehen dachte er sicher: »Junge, Junge, ich bin nur froh, daß die Beratung kostenlos war.«

Acht Wochen später klingelte mein Telefon. Ich nahm den Hörer ab, und alles, was ich am anderen Ende der Leitung hören konnte, war tiefes Schluchzen. Ich hörte einfach zu, ohne zu wissen, wer dran war und was los war. Schließlich, nach etwa drei Minuten, sagte ich: »Wer ist da?« Unter Schniefen und Schluchzen sagte die Stimme: »Die Tränen sind gekommen. Die Zeit ist reif.«

Bevor ein Mann nicht akzeptieren kann, wo er steht, und sich nicht lieben kann, wie er ist, kann er nicht dahin kommen, wo er hin will oder seiner Ansicht nach sein »sollte«. Ich hoffe, daß Sie sich wenigstens daran erinnern, wenn Sie alles andere hier Gesagte vergessen. Ich bin fest davon überzeugt, daß eine höhere Macht als wir selbst über den Verlauf unserer Reise bestimmt. Auch wenn wir immer wieder frei entscheiden können – solange wir an dem Glauben festhalten, wir hätten »die Kontrolle«, gehen wir am entscheidenden Punkt vorbei und wahrscheinlich auch an unserer Männlichkeit und Selbstfindung. Diese Macht, dieses Wesen oder höhere Selbst, das uns leitet, in Verbindung mit unserer Bereitschaft, unser Inneres aufzudecken und Geduld mit uns selbst aufzubringen, wird für die richtige Gruppe oder Versammlung, für den richtigen Therapeuten, Sponsor, Lehrer und Geliebten, für die richtigen Bücher und die Heilung sorgen, wenn wir bereit sind.

Die Tränen werden kommen, wenn die Zeit reif dafür ist, genauso wie das Lachen, die Freude und die Liebe, die Sie so verdienen. Und in dem Maße, wie wir uns selbst engagieren, werden wir fähiger, uns und die Menschen, die uns lieben und vielleicht immer schon geliebt haben, zu lieben.

Ich hoffe, dieses Buch hat Männern auf ihrer Reise zur Entdeckung und Wiedergewinnung ihrer Männlichkeit ge-

holfen und einige alte, verschüttete Wunden geheilt. Ich hoffe, es hat ein paar Frauen geholfen, einige Männer, die sie kennen oder kannten, besser zu verstehen. Vor allem aber hoffe ich, daß es dazu beigetragen hat, daß die Menschen spüren, was es heißt, ein Mann zu sein.
Ich hoffe, Sie lassen sich Zeit. Passen Sie auf sich auf. Schütteln Sie die Relikte Ihres Vaters ab, und füllen Sie den leeren Raum, den er hinterläßt, mit sich selbst, mit Liebe, Freundlichkeit, und geben Sie dann all das den Menschen, die Sie lieben, zurück. Ich hoffe, daß Sie all Ihre Gefühle zulassen und wissen, daß keines davon negativ oder destruktiv ist, außer wenn Sie es verdrängen. Ich hoffe außerdem, daß Sie vergeben – Ihrem Vater und sich selbst. Wenn Sie das aber noch nicht können oder glauben, niemals dazu fähig zu sein, dann hoffe ich, daß Sie auch diese Gefühle akzeptieren. Ich wünsche Ihnen alles Glück für Ihre Reise.

Auf unserer eigenen Hochzeit

Einer der Männer steht an einem riesigen Feuer. Ich weiß nicht, wie er heißt. Er hat das Feuer einem Instinkt, einer Sehnsucht, einem Bedürfnis folgend gemacht. Er starrt seit Stunden hinein, stochert und bohrt darin herum, um sich von der Spannung zu befreien, die sich seit Jahrzehnten in ihm aufgebaut hat. Er hat das Feuer entzündet, um ein inneres Verlangen zu befriedigen, das er nicht einmal benennen könnte; um etwas in sich zu wärmen, das scheinbar für immer erfroren ist. Seine Augen sind gläserne Spiegel, die dem Feuer den Tanz der Flammen zurückwerfen. Er erinnert sich. Er birgt in seinem Innern die Erinnerung an den australischen Buschmann, den Indianer Amerikas, den

Höhlenbewohner eines vergessenen Frankreich. Die Erinnerungen wetteifern miteinander und steigen in seinem Körper-Bewußtsein hoch. Plötzlich steht er auf und beginnt sich zu bewegen, er wiegt sich, als wäre ein Funken auf ihn übergesprungen, der seine Bewegungen lenkte. Die Sterne – Milliarden Jahre alte Scheinwerfer – schicken ihr Licht zu ihm herab, als er den ersten Kreis um das Feuer zieht. Ein zehntausend Jahre alter Wolf heult im Hintergrund, während der phantastische Krieger einem primitiven Rhythmus folgt, den er in seinem Herzen vernimmt. Er greift nach einem langen Stock in dem noch nicht verbrannten Feuerholz, der aussieht wie ein Speer, und sticht damit in die Flammen und tanzt. Die Zeit steht still. Eine archetypische Zeit bestimmt das Tempo des Dramas, das er unbewußt aufführt. Er hört Trommeln, er lauscht den Geschichten alter Männer, hält Kriegsrat mit seinem Stammesgefährten und erwacht sodann.

Schweißnaß erhebt er sich von seinem Bett, wäscht sich das Gesicht, macht sich eine Tasse Kaffee, schiebt ein wenig Holz in den Holzofen, setzt sich hin und weint.

Sechs Monate später ist er in einer Männergruppe. Ein Jahr später nimmt er an seinem ersten Männercamp in den Wäldern teil. Er hungert danach, daß etwas Wildes in ihm hochsteigt, das er zähmen und sich zunutze machen kann. Er erinnert sich, daß genau derselbe Hunger ihn zu Drogen, Alkohol, Arbeit, Geld und Sex trieb. Wenn er in den sechziger Jahren bekifft war, zog er all seine Kleider aus und tanzte und schrie und verlor jedes Zeitgefühl. Doch immer kam ihm das irgendwie künstlich vor. Tagelang schleppte er nach jedem Genuß von Cannabis dieses Gefühl mit sich herum. Genau dieses Bedürfnis ließ ihn so viel trinken, bis er einen seiner Freunde am Hals packen und seinen Kopf richtig fest rubbeln konnte, während er zu ihm sagte: »Ich mag dich, du Hundesohn, – du bist der beste Freund, den ich je hatte, gib mir noch ein Bier, ja?« Immer wenn er seine Gefühle unverhüllt zeigte, schob er das darauf, daß »wir betrunken waren«.

In jedem Mann, den ich kennengelernt habe, steckt eine Wildheit, die sich nach der gleichen Spontaneität und Überschwenglichkeit sehnt, die Thoreau[8] nach Walden suchen ließ. In jedem Mann steckt ein Krieger, in jedem Buchhalter, Bauarbeiter, Psychologen und Schriftsteller steckt ein Tänzer, der sich bereit macht für seinen Auftritt an einem Feuer, mit der Trommel in der Hand, Trauer im Herzen und echter, nicht künstlich hervorgerufener Ekstase in seinem ganzen Körper. Und auf einer Hochzeit wird sie in Erscheinung treten. Bei einer Zeremonie, bei der der positive, gesunde, geduldige Vater mit der weiblichen, starken Frau vermählt wird, die in ihm wartet. Mit dem besten Mann an seiner Seite wird die wahre, tiefe Männlichkeit mit wahrer Weiblichkeit verschmelzen, und das innere Kind wird geboren.

Wir wollen Hochzeit feiern, die Ihres Vaters und meine. Hier kommt der Bräutigam. Hier kommt die Braut, alle in einem einzigen Tänzer, einem Krieger, einem von innen heraus männlichen Mann auf dem Weg zur Heilung.

8 Thoreau, Henry David, amerikanischer Schriftsteller (1817–1862), berichtet in seinem Tagebuch *Walden, or life in the woods* vom Leben in einer selbstgezimmerten Blockhütte.

Knaur

LEBENSHILFE
PSYCHOLOGIE

(84003)

(84005)

(84029)

(84020)

(84013)

(84017)

Knaur

Eltern und Kinder

(84004)

(84012)

(84019)

(84015)